KB151745

우정과 감성이 자라나는

유아전래동요놀이

조혜정 · 김남임 공저

교육아카데미

오늘날은 지식중심 정보화 사회로서 사람들의 삶의 방식에도 많은 변화가 나타나고 있습니다. 지식이 생산하는 편리함에 대한 혜택은 많이 입고 있으나 그 이면에 개인주의 삶의 방식이 급속도로 팽배해가고 공동체적인 삶의 지향점은 점점 흐려져 가고 있습니다. 이러한 시대적 상황은 인지발달 중심의 편향된 교육풍토에서 비롯되지 않았나 생각됩니다. 그 속에서 아이들은 또래들과 어울리는 대신 학원으로 내몰리는 현실을 살아가고 있습니다. 한마디로 오늘의 아이들은 지적 성취에 쫓기고 과도한 스트레스와 정서적 불안감에 시달리며 그러한 사회·정서적 경험은 더욱 요원한 시대를 살고 있습니다.

이에 비해 옛 아이들은 또래들과 전래동요를 부르고 놀이하는 과정에서 쉽게 공감대를 형성하고 함께 어울렸습니다. 또래 관계 속에서 쌓인 신뢰감을 통해 유아들은 정서적 만족감과 심리적 안정감을 경험하며, 더불어 전래동요 속에 담긴 전통적인 가치와 보편적 감정을 공유해 왔습니다. 전래동요는 우리의 오랜 역사 속에서 전통적으로 구전되어온 아이들의 노래입니다. 자연스럽게 놀이로 연결되는 전래동요 속에는 옛 아이들의 정서와 생활이 그대로 담겨져 있습니다. 이렇게 노래에서 자연스럽게 놀이가 연결되는 전래동요는 집단놀이의 형태를 띠며 유아들의 우정과 감성이 자라나는데 긍정적인 역할을 해왔습니다.

우리가 놓치고 있는 삶의 방식 즉, 올바른 인성과 감성을 조화롭게 형성시키는 것은 유아교육의 목적이자 당면 과제입니다. 하지만 발달의 토대가 형성되는 유아기에 심리적, 정신적 외상을 경험하게 된다면 결코 건강한 성인으로 자라기를 기대하기 어려울 것입니다. 그런 점에서 전래동요는 이 시대에 꼭 필요한 의미 있고 시기적절한 하나의 대안이 되고 있습니다. 이것은 우리가 다음세대의 주역인 어린 유아들에게 다시 돌려주고 들려주어야 할 그들의 노래이기 때문입니다.

전래동요놀이의 궁극적인 목적은 전래동요놀이를 통해 친구와 어울리는 과정에서 우정의 형성과 발달을 돕고 건강한 정서와 풍부한 감성을 지닌 어린이로 자라도록 돕는데 있습니다. 감성이 없는 메마른 지성 속에서 각박하게 살아가는 오늘날의 아이들에게 옛 아이들의 전래동요놀이는 차가운 지성을 따뜻한 정서로 감싸줄 수 있는 부드러운 손길이 되어줄 수 있을 것입니다.

전래동요놀이를 계속해서 발굴하고 계승·발전시켜 나가는 것은 우리의 다음세대 그리고 다음시대를 위해 반드시 추구해야 할 오래된 미래이자 우리의 사명일 것입니다.

따라서 저자는 이러한 목적과 취지를 충실하게 담아내려고 노력하였습니다. 특히 유아교육 현장에서 유아교사들이 쉽게 적용해 볼 수 있는 활동을 선별하려 노력하였고 이를 제시하였습니다. 한 가지 미리 밝혀둘 것은 본 저서는 학위 논문을 준비하면서 유아와 함께 현장에서 수행하였던 활동 프로그램을 수정·보완하였고 이와 관련된 활동평가를 구체적으로 기술함으로써 예비유아교사나 유아교사에게 실제적 도움이 되도록 차별화하였습니다.

본 저서가 나오기까지 따뜻한 배려와 정성스러운 편집손길을 보여주신 교육아카데미 직원들께 감사의 말씀을 전하고 저자와 함께 다양한 활동에 참여해준 어린 제자들과 이를 허락해 주신 부모님들께 감사의 마음을 전합니다. 또한 무엇보다 이 땅의 어린이를 사랑하며 일선 현장에서 이름도 없이 빛도 없이 묵묵히 교사의 책임과 역할을 다하시는 유아교사께 머리 숙여 감사드립니다.

사당동 연구실에서
저자 조혜정·김남임

차 례

제1부

전래동요놀이의 이론

1장

전래동요놀이

1) 전래동요놀이의 특징

전래동요 속에는 옛 아이들의 정서와 생활이 그대로 담겨 있습니다. 아동 특유의 관찰력과 감수성이 가장 순수하게 표현되어 있는 아이들의 노래입니다. 아이들이 주체가 되어 만들어지고 불렸으며, 불리는 노래에 자연스럽게 놀이가 녹아져 전승되어 왔습니다.

이렇게 전래동요는 아동 주도적인 성격을 지니기 때문에 아이들의 특성을 발견할 수 있습니다. 전래동요 속에서 아이들은 자신의 생활세계와 놀이세계를 바탕으로 노래를 만들어 불렀으며, 이 놀이 세계 안에서 아이들은 혼자가 아닌 또래와 형, 누나, 동생들과 어울려 지내는 것과 공동체 의식을 키워갈 수 있었습니다.

전래동요의 특징을 살펴보면, 다음과 같이 네 부분으로 나누어 구분할 수 있습니다(강혜인, 2002).

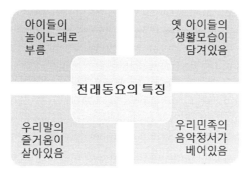

[그림 1-1] 전래동요의 특징

첫째, 전래동요는 아이들의 놀이노래입니다. 아이들에게는 놀이가 생활 그 자체이며, 그들은 놀면서 자랍니다. 자연을 뛰어 다니며 놀고, 친구와 장난치고, 곤충을 잡으며 별을 세면서 놀이합니다. 전래동요는 흥미진진한 놀이와 즐거운 노래가 짝을 이루고 있습니다.

둘째, 전래동요는 옛 아이들의 생활모습이 담겨져 있습니다. 아이들 주변의 생활 모두가 노래의 소재와 제목이 되고 있습니다. 옛 아이들이 무엇을 하며 놀았는지, 주위의 사물과 환경에 대하여 어떠한 마음으로 바라보았는지를 아이들의 시각으로 표현한 노래입니다. 이러한 생활 모습과 문화는 곧 우리의 지나온 이야기이며 우리 모습이며 우리 문화의 정체성을 엿볼 수 있게 합니다.

셋째, 전래동요는 우리말의 즐거움이 살아있습니다. 순수한 우리말을 사용하여 언어 자체에 우리민족의 정서가 그대로 묻어납니다. 예를 들어, 전래동요에는 '꽁꽁', '뱅뱅' 등의 의태어, 의성어와 '후여 딱딱새야'와 같이 살아 움직이는 표현들이 많이 있어 우리말의 즐거움을 더해줍니다.

넷째, 전래동요는 우리 민족의 음악적 정서가 배어있습니다. 전래동요는 민요보다도 더 기초적인 우리 음악의 틀을 가지고 있습니다. 놀이 가운데 읊조리는 노래부터 3분박의 단순한 리듬 꼴과 '미, 라, 도'가 중심이 되는 음계 등은 우리 민족 특유의 음악적 형태라고 볼 수 있습니다. 우리말의 운율이 그대로 가락이 되고 길고 짧은 장단으로 표현됩니다. 소박하고 단순한 형식이지만, 그 속에 다양한 표현을 담아내기에 우리 민족의 음악적 정서를 느낄 수 있게 합니다.

결론적으로, 전래동요에는 민족고유의 멋과 정서가 담겨있습니다. 따라서 그 사회의 전통, 생활방식 등에서 우러나오는 삶의 정서를 수용하고 이해하는데 도움이 됩니다. 또한 아이들의 정서를 더욱 풍요롭게 만들어 줄 수 있습니다. 노래가 곧 놀이이며 놀이가 곧 동요로 구성되는 전래동요는 유아들의 전인발달에 많은 도움을 줄 수 있을 것입니다.

2) 전래동요놀이의 가치

　전래동요놀이는 구전되어 오면서 여러 가지 교육적 가치를 지니게 되었습니다.

　첫째로 전래동요놀이는 전인발달에 유익합니다. 예를 들어, '자장가', '엄마 손은 약손' 등과 같이 전래동요에는 유아에게 심리적·정서적인 안정감을 제공해줍니다(김주현, 2003). 또한 '나무노래1)'와 같이 단순하면서도 재미있게 표현된 노랫말은 유아가 쉽게 언어를 받아들이고 이해할 수 있도록 함으로써 언어발달을 촉진시켜 줍니다. 전래동요의 놀이는 주로 또래나 형·아우들과 함께 집단놀이 형태로 이루어지면서, 정서와 사회성 발달, 공동체 의식 함양에도 기여하였습니다. 아울러, 두껍아 두껍아2) 같은 전래동요는 소근육 발달과 함께 대근육 발달을 위한 신체놀이로 확장이 가능합니다.

　둘째로, 전래동요놀이는 유아들에게 경험의 폭을 넓혀줍니다. 각 지역의 사투리나 지역색이 융화되어 묻어 있는 전래동요는 유아들에게 새로운 지역적 특성을 경험하도록 합니다. 또한, 가족 간의 사랑, 우정, 효도, 형제우애가 담겨있는 전래동요놀이를 통해 사회관계 경험의 폭도 넓혀줍니다(조영미, 2010).

　위와 같이 전래동요놀이의 교육적 가치는 매우 다양하고 높습니다. 이를 구체적으로 제시하자면, 다음 그림 1-2와 같습니다(엄성은, 2001).

　첫째, 전래동요는 언어발달을 돕습니다. 노랫말 속에서 우리말의 아름다움과 해학적인 표현을 느끼는 것은 물론 우리말의 신축성 및 운율을 통하여 다양하고도 풍부한 어휘력을 배울 수 있습니다.

　둘째, 전래동요는 인성교육을 돕습니다. 옛 아이들의 순수하고 밝은 감정과 정서 및 생각을 노래를 통해 느낄 수 있으므로 현대사회 아이들의 정서에 큰 영향을 줄 수 있습니다.

---

1) 실제활동 18번
2) 실제활동 1, 2, 3번

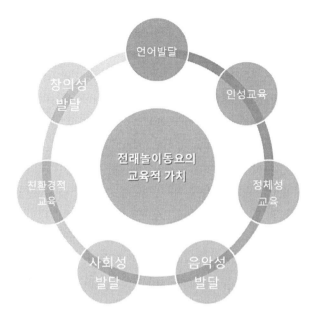

[그림 1-2] 전래놀이동요의 교육적 가치

　셋째, 전래동요는 정체성 교육을 돕습니다. 지역과 나라 전체의 사람들이 참여하여 만들어진 노래이기 때문에 우리 조상의 삶을 이해하고 나아가 우리나라의 문화와 정신을 이해하고 지키며 나갈 수 있는 기초교육이 됩니다.

　넷째, 전래동요는 음악성 발달을 돕습니다. 기초적인 우리 음악어법과 가락이 담겨져 있기에 우리나라 음악어법을 자연스럽게 받아들여 새로운 우리 음악을 창조할 수 있는 능력을 기를 수 있습니다.

　다섯째, 전래동요는 사회성 발달을 돕습니다. 여럿이 어울리는 놀이노래 속에서 개인의 생활문화가 아닌 우리의 생활문화 즉 공동체의 질서와 규범 및 문화를 이해하고 만들어 가는 사회성을 갖게 합니다.

　여섯째, 전래동요는 친환경적 교육을 돕습니다. 자연의 일치감과 순응함이 표현된 노래를 부름으로써 자연을 느끼고 이해하면서 자연의 소중함과 보호의 필요성을 깨닫게 합니다.

　일곱째, 전래동요는 창의성 발달을 돕습니다. 전래동요는 고정화된 노래가 아니라 아이들로 인하여 끊임없이 다듬어지고 창작되면서 불러져

온 노래로 이 시대의 아이들 또한 그들의 생각과 느낌을 노래 속에서 다양하게 표현함으로써 새로운 노래와 놀이문화를 탄생하게 합니다.

위와 같이 전래동요는 어린이의 전인적인 성장과 원만한 인격을 형성하는데 없어서는 안 될 소중한 교육적 자산이라고 볼 수 있을 것입니다.

3) 전래동요놀이의 중요성

(1) 사회 변화와 오늘날의 유아들

최근, 현대사회 전반의 출산율 저하와 조기교육 및 사교육 증가와 아울러 컴퓨터, 미디어 출현, 인터넷 모바일 게임기를 활용한 게임 등으로 예전의 골목놀이 문화와 집단놀이 문화 등이 거의 사라졌습니다. 이제 아이들이 전래동요놀이가 주는 즐거움을 느끼기 어려운 환경이 되었습니다.

유아의 TV 및 비디오 시청과 컴퓨터 게임 등과 같이 사회 및 생활환경 변화에 따른 체력 저하의 문제는 오래전부터 논의되어 왔습니다. 특히, 유아의 사교육 중심의 바쁜 일정은 유아기 체력 저하의 문제와 더불어 또래관계 부재, 정서적 불안감까지 불러오면서 더욱 심각한 문제를 낳고 있습니다.

아이들의 생활 속에서 놀이가 실종된 모습은 대중문화 속에서도 그대로 반영되는데 텔레비전 속에서조차 어린아이들이 놀이만을 하면서 즐겁게 지내는 모습을 찾아보기가 어렵습니다. 순진한 아동기를 잃고 오히려 아이들은 가정해체와 관련된 문제로 괴로워하는 모습이 그려지고 있습니다(Elkind, 2008).

이러한 어린이들의 놀이실조는 성인이 되었을 때 성인병 및 사회·정서적 장애 등 심각한 문제로 이어질 가능성이 큽니다. 지금의 시대적 상황을 고려해 볼 때, 오늘날 유아들에게 놀이를 회복하는 일은 더욱 절실해 보입니다. 이러한 맥락에서 전래동요놀이는 이 시대 유아들에게 옛 아이들이 전해줄 수 있는 오래된 미래로 하나의 지혜이자 대안이 될 수 있습니다.

(2) 전래동요놀이의 의의

유아기는 신체적 능력뿐만 아니라 민족적 정서를 이루는 언어적, 음악적 능력 등의 기본적인 요소들이 형성되는 시기이므로 유아들의 신체활동에 우리 민족의 고유한 정서가 담긴 전래동요를 활용한다는 것은 의미 있는 일입니다.

유아의 끊임없는 움직임에 대한 욕구가 반영된 놀이에는 자연스럽게 노래가 동반됩니다. 이처럼, 우리의 전래동요에는 놀이와 노래가 불가분의 관계입니다. 이것은 마치, 우리말 어원인 '노래'와 '놀이'의 유래와 일맥상통 합니다. '노래'는 '놀이'라는 말의 어간에서 나온 '놀애'의 이름씨끝에서 비롯되었으며, 이처럼 처음에는 하나이던 것이 따로 나뉘게 된 것입니다(편해문, 2002). 이런 과정 속에서 오랫동안 구전되어 온 노래는 민족의 놀이와 문화에 대한 정체성을 대변하고 세대를 뛰어넘어 감정을 공유할 수 있는 매개체가 되어 왔습니다. 특히 아이들에게 우리 장단의 멋과 흥이 그대로 살아 숨 쉬는 전래동요가 전해 내려오고 있습니다.

이 전래동요에는 엄마 품에 안겨 듣는 자장가, 손을 이용한 손유희, 전신을 움직이게 하는 역동적인 신체 움직임이 있습니다. 또한 자연의 일부인 곤충, 해, 달, 별과 일상생활이 가사의 기본 토대를 구성되는 삶과 정서를 하나로 엮어내는 내용도 다루고 있습니다(장완수, 2011).

구체적으로, 전래동요의 놀이유형 중 동작유희 동요를 구분하면 다음 그림 3과 같습니다(강혜인, 2007).

첫째, '도구조작'은 도구를 조작하면서 노래를 하며 노는 것입니다. 아동은 손의 촉각을 이용하여 사물을 만지면서 자신의 감각을 발달시킵니다. 모래를 만지면서 하는 '두꺼비', 줄을 이용한 '실꾸리 감아라' 노래 등이 이에 속합니다.

둘째, '우연선택'은 놀이를 반복하면서 우연하게 얻어지는 결과를 선택하고 놀이를 하는 것입니다. 우연놀이는 놀이하는 자에게 놀이의 결정이 달려있지 않고 그가 놀이를 하지만 영향력을 행사할 수 없는 우연에 의해 놀이가 진행되는 것을 말합니다. '기와 밟기', '대문놀이', '이박 저박'과 같은 다리세기 노래와 같은 동요가 이에 속합니다.

[그림 1-3] 전래동요의 놀이유형- 동작놀이 동요의 유형

셋째, '술래잡기'는 숨고 찾거나 술래가 규칙에 따라 잡기를 하는 놀이입니다. 어린이에게 있어서 이러한 유형의 놀이는 술래가 아이를 찾거나 잡는 과정에서 존재의 유무를 확인하는 새로운 만남을 경험하는 놀이입니다. '여우야 여우야', '잠자리 꽁꽁' 등의 동요가 이에 속합니다.

넷째, '지각혼란'은 도구나 신체의 움직임을 통하여 지각의 혼란 현상을 느끼며 즐기는 것입니다. '지각혼란' 놀이방식은 '저 달 봤나', '널뛰기'가 있으며, '널뛰기'는 도구를 움직이며 부르는 것으로 기능이 수반되기에 노래의 리듬이 도구의 움직임에 구속을 받습니다.

다섯째, '가장놀이'는 다른 사람의 흉내를 내거나 다른 동물인 체 함으로 연기를 하며 노는 것입니다. 가장하기는 자아와 주체와 객체로 분리되어 세상과 그 자체를 명확하게 인식하게 되는 과정에서 발생하는데, 이러한 의식의 이동은 아동의 가장하기 행동 형태로 나타나게 됩니다. '남생아 놀아라', '참외밭에 삽살개' 등의 동요가 이에 속합니다.

위에서 살펴 본 바와 같이 전래동요의 놀이방식 속에는 다양한 형태의 신체활동도 자연스럽게 이루어짐을 알 수 있습니다. 특별히 어린이에게 친숙한 아이들의 노래인 전래동요는 우리 민족의 고유한 전통문화를 담고 있을 뿐만 아니라, 전인적 성장이라는 교육적 가치도 지니고 있습니다. 또한 '놀이' 속에서 그 의미가 완전해진다는 점을 고려해 볼 때, 놀이로서 전래동요가 지니는 가치는 더욱 크다고 할 수 있습니다.

이와 같이 전래동요놀이는 유아들의 움직임의 욕구를 충족시켜 주고 부정적인 정서를 자연스럽게 순화시켜 줄 수 있는 하나의 대안이 될 수 있으며, 나아가 오늘날 유아교육 현장에 통합교육으로서 발전적인 모델을 제시해 줄 수 있을 것입니다.

2장

우정이 자라나는 전래동요놀이

-또래 유능성을 중심으로-

1) 또래 유능성의 개념

또래(peer)란 나이, 성, 학년 등 모든 영역에서 동등한 지위에 있는 동년배를 의미하며, 비슷한 연령이나 수준에서 상호작용을 하며, 정신적 발달, 신체적 발달 그리고 행동이 유사한 유아들로 사회적으로 동일시하는 대상이라고 할 수 있습니다(Erwin, 2001 ; Shaffer, 2000). 일반적으로 또래 유능성은 사회적 유능성(social competence)이라는 용어와 혼용되고 있습니다.

본래 사회적 유능성이란 또래관계에만 해당하는 것이 아니라 모든 사회적 맥락을 포괄하는 개념입니다. 실제로 유아의 사회적 관계에는 성인과의 상호작용이 많은 부분 포함되어 있습니다. 이러한 유능성을 유아의 발달단계와 발달과제를 중심으로 살펴보면 영아기에는 효과적인 애착관계를 확립하는 것, 유아기에는 또래관계에 능동적으로 참여하는 것, 그리고 학령기에는 상호성에 기초한 우정관계를 형성하는 것입니다(Elicker, Englund, & Sroufe, 1992 ; Waters & Sroufe, 1983). 이는 영아기는 양육자와의 안정적 애착 형성, 학령기에는 우정 형성, 그리고 유아기는 또래와의 관계 형성이 사회적 유능성의 평가준거가 될 수 있음을 의미합니다. 이런 의미에서 보면 유아기에는 사회적 유능성 대신 또래 유능성이라고 말하는 것이 더 타당하다고 할 수 있습니다(기현주, 2004).

유아기의 또래관계는 유아기 사회적 관계의 일부이며 또래 유능성은 매우 중요합니다. 또래 유능성(peer competence)이란 또래와의 사회적 관계에서 성공적으로 기능하는 것을 의미합니다(Howes, 1987). 즉, 또래와의 관계를 효과적으로 형성하고 유지하며, 또래관계 내에서 적합한 방식으로 자신의 목표를 달성하는 능력(박주희, 2001)을 말합니다.

또래와 성공적으로 상호작용하기 위한 사회적 기술인 또래 유능성은 또래를 사귀고, 관계를 유지 발전시키며, 서로간의 의사소통을 통해 갈등을 해결하는 능력을 포함합니다(Asher, Renshaw, & Hymel, 1982). 이러한 또래관계는 유아 간의 관계를 효과적으로 유지하는데 필요한 여러 가지 능력과 기술을 함께 포함하는 또래 유능성 개념으로 연구되고 있습니다.

2) 또래 유능성의 중요성

유아는 자기 자신과 또래와의 관계에서 개인 내 또는 개인 간의 관계를 이해하고, 상대방으로부터 수용되는 경험을 통해 또래 유능성을 발달시키게 됩니다(이진경, 2004).

또래와의 관계는 성인의 지시를 받거나 성인의 주도에 따라 상호작용을 하는 수직적인 관계와는 달리 서로의 의견을 자유롭게 표현하고 갈등을 해결하는 수평적인 관계입니다. 유아는 또래와의 관계를 통해 부모 및 성인과의 관계에서는 경험하지 못한 새로운 경험을 하게 됩니다(김귀자, 2004).

또래는 유아가 사회를 학습하는데 있어서 매우 중요한 타인 중의 하나이며 유아의 성격이나 행동, 가치관, 태도 형성에 영향을 줄 뿐 아니라, 유아가 사회적 구성원으로 성장하는데 중요한 역할을 하게 됩니다. 또래는 동등한 입장에서 상호작용을 할 수 있고, 정서적 안전망을 제공해주며 사회적인 지지를 해줍니다(최지희, 2002). 이를 통해 유아는 일상생활 속의 요구에 대해 다양한 역할을 시도해 볼 수 있으며, 새롭게 실험을 하거나 탐색할 수 있을 뿐만 아니라 사회적 능력과 감성을 계발시킬 수 있습니다(황선영, 2005).

이처럼 유아기 또래관계는 유아의 발달에 많은 영향을 미치는 요인이기 때문에 좋은 또래관계를 성립하고 유지하는 것은 유아들에게 있어 중요한 의미를 갖습니다.

특히, 또래관계 형성을 통해 유지되는 또래 유능성은 유아의 앞으로의 사회생활 또는 정서 및 인성발달에 중요한 영향을 미칩니다. 그러므로 취학 전에 유아들에게 있어 또래집단과의 성공적인 상호작용은 사회적 유능성에 관련된 주요한 발달적 쟁점이 됩니다(Elicker, Englund, & Sroufe, 1992).

또래 유능성이 성공적으로 발달한 유아는 타인과의 상호작용을 통해 본인의 능력을 향상시키므로, 또래 및 성인에 이르기까지 긍정적인 관계를 형성합니다(Katz & McClellan, 1997). 이렇게 성공적인 관계를 형성한 유아는 이후에 본인이 속한 집단 및 타인으로부터 인정받는 성인이 됩니다(Bagwell, Newcomb, & Bukowski, 1998).

구체적으로는 다른 유아들을 잘 도와주고 사이좋게 지내며 갈등이 생겼을 때, 이를 효과적으로 해결하는 능력이 발달됩니다. 또한, 많은 유아와 골고루 친하게 지낼 뿐만 아니라 또래가 승인하는 방식으로 또래의 관심을 이끌고 유지해 나가며 새로운 환경을 탐구하고 모방하는 과정에서도 안정감을 보이며 성공적으로 적응해갑니다(Johnson, Ironsmith, Snow & Poteat, 2000).

반면, 성공적인 또래와의 관계를 형성하지 못한 유아는 자신에 대한 부정적인 자아개념을 갖거나 또래에게 거부되는 등 발달적 어려움을 가지며 이후 삶에서 부적응의 위험을 지닙니다(Bagwell, Newcomb, & Bukowski, 1998 ; Crick, 1996 ; Kupersmidt, & Coie, 1990). 또래와의 관계 속에서 본인의 의견만을 지나치게 주장하거나 강요하며 더불어 또래를 정신적으로 혹은 신체적으로 괴롭히는 행동을 자주 나타내기도 합니다. 이렇게 또래 유능성이 낮은 유아는 또래집단에 받아들여지지 못하며 자연적으로 타인과 비사교적인 모습을 나타냅니다. 또한, 부정적인 또래관계는 이후 아동기부터 성인기에 대한 사회적응 정도를 예측할 수 있습니다(Coie, Dodge, & Kupersmidt, 1990). 이는 학업실패 및 학업 중퇴, 청소년 비행, 나아가 우울증 등의 정신 병리적 문제에 이르기까지 사회 및 정서적 부적응 상태로 나타나게 됩니다(Crick, 1996 ; Parker & Asher, 1993).

3) 또래 유능성의 구성요소

또래 유능성은 긍정적인 또래관계를 효과적으로 형성 및 유지하며, 적절한 방법으로 본인의 목표를 또래관계 내에서 이루는 능력을 뜻합니다. 이러한 또래 유능성의 하위요소는 사교성, 친사회성, 주도성으로 나눌 수 있습니다(박주희 · 이은해, 2001).

사교성은 또래집단에 잘 수용되며, 또래 유아에게 인기가 많고, 여러 아이들과 고루 어울릴 수 있는 능력을 의미합니다. 친사회성은 다른 유아를 잘 도와주고 사이좋게 지내며 갈등이 생겼을 때 이를 효과적으로 해결하는 능력을 의미합니다. 주도성은 또래집단에서 활동이나 놀이를 능동적으로 제안하고 이끌며, 자신의 의견을 효과적으로 주장하는 능력을 의미합니다.

[그림 2-1] 또래 유능성의 구성요소

4) 또래 유능성과 전래동요놀이

전래동요는 유아들에게 즐거움을 주면서 간접적인 경험을 갖게 하고, 소집단과 대집단으로 이루어진 다양한 신체활동이 함께 이루어지므로 다양한 또래관계를 증진시킵니다. 간단한 놀이에서부터 시작된 동요는 또래집단과의 신체활동을 통해 소집단을 형성하게 하고 그 속에서 자연스럽게 사회성을 키워 나가게 도와줍니다.

예를 들어, 전래동요는 주로 소꿉놀이, 모래 집짓기, 다리세기 놀이 등 어떤 대상이나 장면을 설정하여 다양한 신체활동에까지 연결됩니다. 이 과정에서 서로 다른 개성을 지닌 동료집단과의 접촉을 통한 다양한 사회화를 거치게 됩니다(허예중, 2000). 또한, 놀이하는 사람의 수에 따라 놀이 방법과 절차를 조절할 수 있으며 놀이하는 사람의 연령과 성별, 계절에 따라 다양하게 진행할 수 있습니다. 놀이에 필요한 도구가 거의 자연물로 이루어져 있어 함께 준비하는 과정에서 협동의 경험도 할 수 있습니다. 이러한 놀이과정에서 유아는 또래들과 어울리면서 자신의 생각과 행동을 조절하고 상호존중의 가치를 깨닫게 됩니다(이은화 외, 2001).

또한 전래동요놀이는 유아가 혼자서 하는 놀이보다는 집단놀이를 증진시키는 데 교육적 가치가 있습니다(김세희, 1994). 동일한 규칙 하에 집단으로 함께 움직이며 노래 부르는 장면, 신체적으로 움직이는 유아와 옆에서 동요를 부르며 격려하는 유아들이 있는 장면, 말을 주고받는 문답식 동요를 부르며 함께 놀이를 하는 장면 등은 유아들의 집단놀이를 증진하며, 유아들이 공동체 의식을 기를 수 있도록 돕습니다. 그 속에서 자기중심적으로 행동하는 것에서 벗어나 사회화 과정을 경험하게 되며 집단 활동 내에서 규범, 질서, 조직의 가치와 의미를 깨닫게 됩니다(윤은섭, 1987).

이와 같이 전래동요가 있음으로 인해 놀이의 재미가 한층 더 살아나고 신체활동이 훨씬 더 다양해지며, 놀이 자체의 만족감도 확대되고 놀이하는 구성원들 사이의 친밀감은 더해집니다(허예중, 2000). 또 즐겁게 노래 부르며 놀이를 하는 사이에 친구들과 협동이 이루어지게 되고, 한편끼리는 같은 운명임을 확인하게 됩니다. 이렇게 다양한 놀이가 이루어지는 전래동요는 곧 유아들의 건전한 인격을 형성시키고 심신을 발달시키며 사회적 인식의 중요한 경험을 쌓는데 많은 도움을 주게 됩니다.

현대의 지나친 경쟁과 이로 인한 개인주의 가치관 팽창으로 인해 유아들조차도 또래들과 함께 놀이하는 경험이 줄어드는 현상을 고려해볼 때, 이러한 전래동요를 통한 놀이과정은 또래집단과의 다양한 경험과 또래와의 단결을 증진하여 또래 간 우정을 키워나가는데 많은 기여를 할 것입니다.

3장

감성이 자라나는 전래동요놀이
-정서지능을 중심으로-

1) 정서지능의 개념

현대 사회는 인간의 능력을 인지적 능력과 함께 정서적 요인을 강조하게 되었는데 이것은 인간의 행복, 성공, 감정 등의 확대된 개념입니다. 인간의 인지적 능력만으로는 설명하기 어려운 인간의 한계적인 면이 존재하기 때문에 생긴 패러다임입니다(이명이, 2006).

정서(emotion)는 한 개인이 겪는 신체적, 환경적인 어떤 것에 반응하는 총체적인 감정반응입니다. 정서지능(Emotional Intelligence)이란 일반지능에 대비되는 말로서 정서와 지능이라는 두 가지 요소가 결합된 개념입니다(김유진, 2006). 감정(emotion)이라는 말의 어원은 라틴어의 '움직이다'를 뜻하는 'motere'에 '물러나다'를 뜻하는 접두사 'e'가 붙어 있는 단어로, 어떤 일을 경험하거나 생각할 때 일어나는 복잡한 상태를 말합니다(김경희, 1986). 정서는 감각적 지각과 마찬가지로 영혼 외부의 어떤 것으로부터 수동적인 영향을 받은 것인데, 단지 의식한 속성이 외부 대상에 귀속되는 감각의 경우와는 달리 그것이 영혼 자체로 귀속된다는 점에서 감각과 구별되는 정신 상태입니다.

정서지능은 미국의 다니엘 골만(Daniel Goleman)이 쓴 'Emotional Intelligence(1995)'란 저서가 출간되면서 세계적인 주목을 받기 시작했습니다. 'Emotional Intelligence'라는 말은 '정서지능' 또는 '감성지능'으로 번역할 수 있습니다. 흔히 EQ(Emotional Quotient)라고 하는 것은

'정서지수' 또는 '감정지수'라고 번역되며, 이것은 IQ와 대비되는 개념으로 정서지능도 숫자로 표시할 수 있다고 보고 사용된 것입니다(Mayer & Salovey, 1996).

골만의 정서지능 발표를 통해 정서지능이 독자적인 영역으로 자리매김하기까지 정서에 관한 연구는 일찍부터 일어났습니다. 정서는 인지적 활동을 촉진하며 유지하고 일정한 방향으로 진행하도록 하는 과정이라는 주장도 그 중 하나입니다. 현대의 사회인지 이론가들도 정서는 주의집중, 판단, 발견적 정보처리 과정 등을 촉진하고 유지시키는 중요한 작용을 한다고 밝히고 있습니다. 정서 이론가들도 감정이 인지적 행동을 적응적으로 이끄는 힘을 가지고 있다고 봅니다.

한편, 지능을 어떻게 정의하는가에 따라 지능에 정서를 포함시킬 수 있을지 없을지가 판단됩니다. 지능을 주로 학교 학습과 관련한 기억력, 사고력, 수리력 등을 측정하는 Binet의 입장에서 본다면 정서는 지능으로 보기 어려울 것입니다. 그러나 지능을 목적에 맞게 행동하고, 합리적으로 생각하고, 자기의 환경을 효과적으로 취급하는 전반적인 능력으로 보는 Wechsler의 입장을 따른다면, 논리적으로 모순된 개념이 아님을 알 수 있습니다. 정서는 다른 사람의 능력을 다루어서 사회에 적응할 수 있도록 해주는 중요한 능력이기 때문입니다(이연옥, 2008).

정서지능의 근원은 Gardner(1983)가 처음 다중지능 이론에서 설명한 7가지 요인에서 찾을 수 있습니다. 여기에는 언어지능, 음악지능, 논리수학적 지능, 공간지능, 신체 운동지능, 개인 간 지능, 개인 내 지능 중에서 개인 간 지능과 개인 내 지능에서 정서지능을 포함하고 있습니다. 여기에서 정서지능은 남을 이끌어 가는 지도성, 우정을 나누고 지속하는 인간관계 능력, 분쟁이나 갈등을 해결하는 능력이 포함됩니다. 또한 자기 자신의 정서나 감정을 효과적으로 조절하고 그것을 타인과의 상호작용을 통해 반응함으로써 자신을 보다 정확하고 솔직하게 볼 줄 알고 관리하여 건강하게 잘 적응해나가는 사람으로 보고 있습니다(장현갑, 1997).

그러므로 정서지능은 인지적 능력을 발휘될 수 있게 하는 기본적 능력의 총칭으로 다양한 인지적, 사회적, 정서적 문제를 해결할 수 있는 능력이라고 말할 수 있습니다(이명이, 2006).

2) 정서지능의 중요성

1990년 Salovey와 Mayer가 처음 사용한(Mayer & Salovey, 1990) 정서지능은 1995년 Goleman에 의해 'Emotional Intelligence'라는 책으로 출간되면서, EQ가 인생의 성공여부를 가장 잘 예언할 수 있는 능력이라고 소개하였습니다. 또한 American Dialect Society(1995, 1999)는 EQ를 '가장 유용한 새로운 언어'로 선정하며 정서지능이 21세기를 이끌 중요한 패러다임 중의 하나임을 입증해 주기도 했습니다(최종욱·이영석, 2003).

그러나 무엇보다 정서지능이 생활화된 것은 정서지능 측정자인 Bar-On의 정서지능 지수인 EQI(Emotional Quotient Inventory)의 소개라 볼 수 있습니다. 특히 Bar-On은 정서지능이란 "개인의 심리적 안녕으로 이끌어주는 효과적인 정서·사회적 기능화"라고 정의하면서 정서지능 척도를 개발·보급하기에 이르렀습니다(Bar-On, 2000).

정서지능의 근원	정서지능의 이론적 기초	정서지능의 대중화	정서지능의 생활화
Gardner(1983)의 7가지 지능 중 '개인 내 지능'과 '개인 간 지능'	Salovey와 Mayer(1990)에 의해 처음으로 정서지능이 정의됨	Goleman(1995)에 의해 『Emotional Intelligence』 출간됨	Bar-On(2000)의 정서지능 지수인 EQI가 소개됨

[그림 3-1] 정서지능의 전개과정

이러한 정서지능이 유아에게 어떻게 작용할까요? 무엇보다 유아는 정서를 이해함으로써 자신뿐만 아니라 타인의 정서반응을 이해하고 해석할 수 있습니다. 이전의 사건으로부터 반응을 예측할 수 있고, 정서가 유발되는 상황에서 적절한 정서를 표현할 수 있으며, 정서표현도 통제할 수 있게 됩니다. 3~4세에 이르면 유아는 하나의 인격체로 사회성을 띠게 되는데 유아가 자신의 감정 상태를 조절함으로서 상대방의 사고·감정·의도 등을 이해하고 공감하게 됩니다. 바람직한 인간관계 형성을 위해 필수적인 것은 유아기에 일생동안 기초적 수준에서 적절하게 대처할 수 있는 정서지능을 기르는 것입니다(이연옥, 2008).

만 5세 누리과정의 기본구성 방향에도 이러한 정서발달의 중요성을 다음과 같이 명시하여 개인 내 혹은 대인간에 정서지능의 필요성을 강조하고 있습니다(교육과학기술부·보건복지부, 2012).

"사람은 각자의 개성을 타고난 개별적인 존재이지만 홀로 살아가는 것이 아니라 공동체 안에서 다른 사람과 더불어 관계를 맺으며 살아가야 한다. 사람과 사람의 관계를 존중한다는 것은 서로에 대해 듣고, 보고, 느끼고, 이해하는 것에서 시작하여 서로를 인정하고 수용하고 배려하고 협력하는 것까지 포함한다. 이러한 일련의 과정은 상대방을 이해하는 공감 속에서 이뤄진다."

3) 정서지능의 구성요소

정서지능의 이론적 기초를 적립시킨 학자는 Salovey와 Mayer입니다. 1990년 Salovey와 Mayer는 정서지능이란 사회성 지능의 한 요소로서, 자신과 타인의 정서를 점검하고(monitoring), 그것들의 차이를 변별하며(discriminating), 생각하고(thinking), 행동하는데(acting) 관련된 정보를 이용할 줄 아는 능력이라고 정의하였습니다. 그들은 정서지능을 다음과 같이 4영역으로 재정의 하였으며(Mayer & Sluyter, 1997), 이를 간단히

요약해 제시해 보면 다음 표 3-1과 같습니다(최종욱・이영석, 2003).

〈표 3-1〉 Mayer & Sluyter의 정서지능 4영역 4수준 16요소 모형

영역	수준
영역 I 정서의 인식과 표현	수준 1. 자신의 정서를 파악하기 수준 2. 자신 외부의 정서를 파악하기 수준 3. 정서를 정확하게 표현하기 수준 4. 표현된 정서들을 구별하기
영역 II 정서의 사고 촉진	수준 1. 정서정보를 이용하여 사고의 우선순위 정하기 수준 2. 정서를 이용하여 판단하고 기억하기 수준 3. 정서를 이용하여 다양한 관점 취하기 수준 4. 정서를 활용하여 문제해결 촉진하기
영역 III 정서 지식의 활용	수준 1. 미묘한 정서간의 관계를 이해하고 명명하기 수준 2. 정서 속에 담긴 의미를 해석하기 수준 3. 복잡하고 복합적인 감정을 이해하기 수준 4. 정서를 활용하여 문제해결 촉진하기
영역 IV 정서의 반영적 조절	수준 1. 정적・부적 정서들을 모두 받아들이기 수준 2. 자신의 정서에서 거리를 두거나 반영적 바라보기 수준 3. 자신과 타인의 관계 속에서 정서를 반영적으로 　　　　바라보기 수준 4. 자신과 타인의 정서를 조절하기

이와 달리 Goleman(1995)은 정서지능을 자신의 정서를 아는 것, 정서 조절, 자기 동기화, 타인 정서의 인지, 대인관계 조절 등의 다섯 가지 하위 요인으로 설명하고 있습니다. 즉 정서지능이란 사람들에게 동기를 부여해주고 절망적인 상황에서 의욕을 잃지 않게 하며 순간적인 만족을 지연시킬 수 있게 해줍니다. 또한 기분을 조절하고 고뇌 때문에 사고 능력이 방해를 받지 않게 하며, 감정이입과 희망을 키워 주는 능력이라고 하였습니다.

Goleman(1995)의 정서지능 하위 요소는 다음 표 3-2와 같습니다.

〈표 3-2〉 Goleman의 정서지능

정서지능의 요소	내 용
자기 인식 (Self-awareness)	자신이 느끼는 감정을 재빨리 인식하고 알아차리는 능력으로 정서지능의 초석이 된다.
자기조절 (Self-management)	자기조절은 인지된 자신의 감정을 적절하게 처리하고 변화시킬 수 있는 능력이다.
자기 동기화 (Self-motivation)	어려움을 참아내어 자신의 성취를 위해 노력할 수 있는 능력이다.
감정이입 (Empathy)	타인이 느끼는 감정을 자신의 것처럼 느끼고, 타인의 감정을 읽어내는 능력이다.
대인관계기술 (Social skill)	인식한 타인의 감정에 적절하게 대처할 수 있는 능력을 말하며 적절한 정서표현력을 말한다.

Mayer와 Salovey(1997)의 정서지능 이론은 정서에 의한 사고촉진 요인을 강조하였다면, Goleman의 이론에서는 대인관계 기술에 감정표현과 친사회적 행동을 정서지능의 요인으로 포함하였습니다.

반면, Bar-On은 Mayer와 Salovey처럼 인지적 특성을 강조하기보다는 정서의 정의적 측면을 고려하여 정서지능을 5가지 요인으로 구성되어 있다고 보았습니다. 이에 따라, Bar-On과 Parker(2000)는 자신과 타인을 이해하는 능력, 사람들에 관계된 능력, 변화하는 환경적 요구에 적응하는 능력, 정서를 조절하는 능력 등으로 정서지능을 정의하였습니다. 또한 비인지적 특성을 갖는 총 5개 요인에 15개 하위 요인으로 구성된 자기 보고식 정서지능 척도인 EQI를 개발하였습니다. 그 내용은 다음 표 3-3과 같습니다.

〈표 3-3〉 EQI의 5요인과 15개의 하위 요인

상위 요인	하위 요인
제 1요인 개인 내 EQ	1. 정서적 자기 인식 2. 자기 주장성 3. 자아존중 4. 자아실현 5. 독립성
제 2요인 개인 간 EQ	6. 대인관계 7. 사회적 책임 8. 감정이입
제 3요인 적응성 EQ	9. 문제해결력 10. 현실성 검증 11. 융통성
제 4요인 스트레스 조절 EQ	12. 스트레스 13. 충동조절
제 5요인 일반정서 EQ	14. 행복 15. 낙관성

정의와 구성요소들에 대한 비일관성에도 불구하고 정서지능의 연구들은 몇 가지 공통적인 결론을 제시합니다. 즉, 정서지능은 사회적 지능의 한 유형으로 효율적인 사회관계 유지, 스트레스가 많은 상황에서의 적응, 자신에 대한 안정감, 정신건강 등을 유지하고 촉진하는데 중요한 역할을 하며 개인의 잠재력 극대화와 자아실현에 필수적 요인이라는 것입니다 (이옥순, 2004).

4) 정서지능과 전래동요놀이

최근, 교육현장에 전래동요의 중요성에 대한 인식이 확대되어 가고 있고 민족문화의 주체적 자각에 따라 전래동요가 활성화되어 가고 있습니다.

유아는 전래동요를 부르면서 다양한 종류의 신체활동을 하게 되는데 이를 통해 자신의 감정을 자연스럽게 표현하고, 다른 사람을 이해할 수 있을 뿐만 아니라, 타인에 대해 적응하는 능력을 기릅니다. 이러한 경험들은 모두 정서발달에 지대한 영향을 미치게 됩니다(김세희, 1994).

실제 유아들은 태아 때부터 어머니 뱃속에서 많은 음악들을 접하고 자랍니다. 그리고 영영아기를 지나 영아기, 유아기를 거치며 다양한 놀이동요 즉 도리도리, 곤지곤지, 짝짜꿍, 고네고네, 자장가 같은 것을 통해 어머니와 아기의 정서적 유대감이 깊어지고 심리적인 안정감을 누릴 수 있게 됩니다(허예중, 2000). 이러한 놀이들은 단순한 신체훈련만이 아니라 어머니의 따뜻하고 안정된 음성과 신체적 접촉을 통해 더욱 즐거움을 만끽하고 만족감을 느끼며, 놀이를 하는 이들 간의 정서적 유대감도 더해줍니다(하유선, 2005). 또한, 이러한 노래들과 함께 신체를 움직이며 타인과 교류하는 놀이를 자연스럽게 체득하고 자신의 기분과 느낌, 경험 등을 표현해가며 성숙한 인간으로 성장해 갑니다(장완수, 2011).

전래동요놀이를 통해 유아들은 여럿이 함께 즐기고 움직이면서 목적물을 맞추고, 뛰고, 달리고, 쫓고, 숨고, 뒹굴고, 밀고 당기고, 알아맞히기 등의 정서를 표출합니다. 또한, 공동체적인 놀이 특성으로 인하여 유아의 공격적인 감정이나 적대감을 승화시키고 스트레스 감소와 정서적 안정감을 주는 등 유아의 정서발달에 도움을 줄 수 있습니다(Russell, 1991 ; 이 경우·이은화, 1994 ; 송성숙, 2001).

이와 같이 다양한 놀이와 신체적 접촉을 동반하는 전래동요를 통해 다양한 상호작용이 이루어지며 이것은 풍부한 정서적 경험으로 자연스럽게 이어질 수 있습니다. 노래가 곧 놀이가 되기도 하는 전래동요의 특성상 전래동요놀이를 통해 일어나는 수많은 경험이 궁극적으로 유아의 정서발달에 의미 있는 교육적 접근이 될 것입니다.

제2부

전래동요놀이의 실제

1장

전래동요놀이의 설계과정

전래동요 놀이활동을 설계하기 위해 전래동요놀이에 대한 문헌과 자료를 검토·고찰하여 활동의 목표와 내용을 선정하였으며, 전래동요놀이의 구성 방향을 설정하였습니다.

전체적인 전래동요놀이 설계 과정은 다음 그림 1-1과 같습니다.

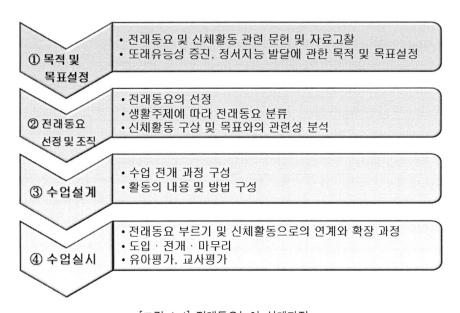

① 목적 및 목표설정
- 전래동요 및 신체활동 관련 문헌 및 자료고찰
- 또래유능성 증진, 정서지능 발달에 관한 목적 및 목표설정

② 전래동요 선정 및 조직
- 전래동요의 선정
- 생활주제에 따라 전래동요 분류
- 신체활동 구상 및 목표와의 관련성 분석

③ 수업설계
- 수업 전개 과정 구성
- 활동의 내용 및 방법 구성

④ 수업실시
- 전래동요 부르기 및 신체활동으로의 연계와 확장 과정
- 도입 · 전개 · 마무리
- 유아평가, 교사평가

[그림 1-1] 전래동요놀이 설계과정

(1) 목적 및 목표 설정

전래동요놀이의 목적은 전래동요놀이를 통해 친구와 어울리는 과정에서 우정의 형성과 발달을 돕고 건강한 정서와 풍부한 감성을 지닌 어린이로 자라도록 돕는데 있습니다. 이러한 목적 아래 구성된 활동들을 실행

하기 위해 각 목표별로 하위 목표를 설정하였습니다.

설정된 하위목표는 다음 표 1-1과 같습니다.

〈표 1-1〉 전래동요놀이 활동의 목표와 하위 목표

목표	하위 목표
우정의 형성과 발달을 돕는다.	·친구들과 어울리며, 집단 내에서 수용되는 능력을 기른다. ·원활한 갈등해결 능력을 기르고 원만한 친구관계를 유지한다. ·친구관계에서 자신의 의견을 효과적으로 주장하고 적극적으로 제안한다.
건강한 정서와 풍부한 감성을 지닌다.	·자신과 타인의 정서를 인식하고 수용하는 능력을 기른다. ·자신과 타인의 정서를 이해하며 적응하는 능력을 기른다. ·자신의 정서를 조절하는 능력을 기른다. ·자신의 정서를 사회적으로 수용 가능한 방법으로 표현한다.

(2) 전래동요놀이 활동의 선정 및 조직

전래동요놀이 활동은 21편의 전래동요를 선정하여 구성하였습니다. 전래동요놀이의 목적과 의도에 맞는 전래동요를 선정하기 위해 먼저, 관련 자료를 수집하여 고찰하였습니다. 고찰한 자료는 선행연구, 교사연수 자료, 유아를 대상으로 출판된 전래동요 및 전래동시집, 유아교사를 위한 교수활동자료집, 유치원 교육과정 운영 우수사례집에 수록된 전래동요들입니다.

자료를 수집하여 고찰하면서 1차로 전래동요를 선정하였으며, 이 가운데 가장 빈번하게 출현하고 있는 것, 감각기관을 활용함으로써 신체를 인식하는 활동으로 연결할 수 있는 것, 자연스럽게 또래 간의 놀이를 이끌

수 있는 것, 그리고 다양한 신체활동으로 연결할 수 있는 전래동요들을 2차로 선정하였다.

마지막으로 유아의 발달수준에 적합하고 생활주제와 관련하여 다양한 활동으로 구성할 수 있는 전래동요 21편을 최종 선정하였습니다. 그 가운데 생활주제와의 적합성, 신체활동과의 연계성을 고려하여, 외래전래동요인 '여우야, 여우야'와 국악동요 '참외밭에 삽살개', '널뛰기', '호박떼기' 등을 포함하였습니다.

전래동요의 선정 과정과 최종 선정된 전래동요의 목록은 다음 표 1-2와 같습니다.

〈표 1-2〉 전래동요의 선정 과정

1차 선정 과정

· 관련 자료에 수록된 전래동요 수집 및 고찰
  - 선행 연구
  - 교사연수 자료
  - 유아를 대상으로 출판된 전래동요 및 전래동시집
  - 유아교사를 위한 교수활동 자료집
  - 유치원 교육과정 운영 우수사례집

⇩

2차 선정 과정

· 1차로 수집 자료에 수록된 전래동요 중에서 빈번하게 출현하는 것
· 감각기관을 활용함으로써 신체를 인식하는 활동으로 연결할 수 있는 것
· 자연스럽게 또래 간의 놀이를 이끌 수 있는 것
· 또래 간 상호작용을 활성화하여 다양한 놀이활동으로 연결할 수 있는 것
· 노래가 다양한 활동으로의 변형 및 확장이 가능한 것

⇩

3차 선정 과정

· 유아의 발달수준에 적합한 것
· 생활주제와 관련하여 다양한 놀이 및 신체활동을 구성할 수 있는 것

⇩

최종 선정 전래동요 목록
두껍아 두껍아, 참외밭에 삽살개, 호박 떼기, 대문놀이 어디만큼 왔니, 기와 밟기, 잠자리 꽁꽁, 저 달 봤나 이박 저박, 나무타령, 실꾸리 감아라, 널뛰기, 남생아 놀아라, 어깨동무 씨동무, 군밤타령, 여우야 여우야, 자장가, 깍둑깍둑 깍두기, 꼬마야 꼬마야, 손치기 하세, 콩 받아라

전래동요 21편을 이용해 유아들 간 다양한 정서적 교감과 또래관계의 증진을 가져오는 활동을 구상하였고, 실제로 전래동요가 지니는 교육적 가치를 교수학습 과정에 효과적으로 담아내기 위해 관련 교사연수에 참석하였습니다.

전래동요 선정 및 활동 구상 과정에 활용한 자료는 다음 표 1-3과 같습니다.

〈표 1-3〉 전래동요 선정 및 신체활동 구상 과정에 활용한 자료

분류	자료
선행연구 논문	• 전래동요, 놀이활동과 관련된 논문 • 또래 유능성, 정서지능과 관련된 논문
유아를 대상으로 출판된 전래동요 및 전래동시집	• 국립국악원이 전해주는 우리 겨레 우리 노래 28 전래동요, 2005. • 도란도란 이야기가 담긴 전래동요 그림책, 우리 할아버지가 꼭 나만했을 때, 2007 • 한국 전래동요의 통합적 활용을 위한 큰 책, 2004
유아교사를 대상으로 출판된 교수활동 자료집	• 교육과학기술부 유치원지도서, 2009 • 교육인적자원부 장학자료, 2006 • 유아·어린이 국악교육 길라잡이, 2003

	· 함께 즐기는 유아국악교육, 2004 · 얘들아, 전래동요 부르자, 2009 · 유아를 위한 전래놀이동요 CD, 2008 · 그 외 다수.
유치원 교육과정 운영 우수사례집	· 2006년~2009년 사이 서울특별시교육청 발표 전래동요 관련 교육과정 연구 및 수업방법개선 우수사례집
교사 연수	· 국악놀이연구소 주최 '2007 개정 교육과정에 적합한 유아국악놀이' 연수 참석 (2010. 6)

이러한 과정을 거쳐 전래동요놀이를 모두 35개의 활동으로 구성하였습니다. 다음 표 1-4는 전래동요놀이의 전체 활동 개관입니다.

유아전래동요놀이

〈표 1-4〉 전래동요놀이 전체 활동 개관

번호	전래동요	활동명	활동목표	활동내용 및 방법
1	두껍아 두껍아	스카프로 만든 두꺼비집	스카프와 친구 손의 감촉을 몸으로 느껴본다.	스카프를 이용해 친구와 짝지어 두꺼비집 짓기
2		보자기와 티볼로 만든 두꺼비집	친구와의 집단놀이에 즐겁게 참여한다.	원과 티볼 대형을 만들어 두꺼비집 놀이하기
3		두꺼비 마을	친구와 의견을 공유하고 조정해본다.	모둠별로 협력하여 모래로 두꺼비 마을 만들기
4	참외밭에 삼삼개	참외밭에 삼삼개 이야기	등장인물의 감정 변화를 느끼며 다양한 방법으로 노래를 부른다.	친구와 역할을 정해서 감정을 표현하며 노래 부르기
5		참외밭에 삼삼개 놀이	친구의 감정을 느끼며 노래 속 이야기를 극놀이로 표현해 본다.	노래 속 이야기를 친구들과 함께 극놀이로 재구성하기
6	호박 떼기	호박과 농부	팀별 게임에서 자신의 감정을 적절히 조절하여 표현한다.	호박팀, 농부팀으로 나누어 호박을 떼어내기
7		호박넝쿨	다양한 상호작용을 통해 협력과 사회적 기술을 증진한다.	호박인 친구들을 일렬대형으로 둘러싸고 호박을 떼어내기
8	동서남북 열어라	대문놀이	집단의 일원이 되어 즐겁게 놀이한다.	문에 걸린 친구 술래 뒤로 한줄 서기

번호	놀이명	목표	활동 내용
9	여러 가지 대문놀이	다양한 집단놀이에 적극적으로 참여한다.	다양한 방법으로 변형한 대문놀이
10	어디까지 왔나 / 어디까지 왔나?	어려운 친구의 마음을 이해하고 도와준다.	교실의 영역을 돌면서 노래를 받고 메기기
11	누구까지 왔나?	어려울 때 도와주는 친구에게 고마운 마음을 갖는다.	친구들이 만든 원대형을 돌면서 노래를 받고 메기기
12	가위 밟고 가위 바위 보!	친구들과 함께 움직이며 소속감을 경험한다.	마주보고 기와를 밟고 오다 만나면 지나가는 팀 가르기
13	잠자리 꽁꽁	규칙을 지키면서 놀이에 적극적으로 참여한다.	음악과 함께 술래 역할을 한 친구들이 상대편 친구를 잡는 게임
14	친구와 방아찧기	신체적 접촉을 통해 친구의 마음을 느껴본다.	친구와 등대고 하늘보기, 원대형 처럼 찾나 놀이
15	자담찾나 / 달 해 별 하는 보 지 영자 영자!	친구와의 놀이에 즐겁게 참여한다.	지목하는 그룹마다 동시에 뛰어오르기
16	다리세기 놀이	친구와의 신체 접촉을 통해 친밀감을 느낀다.	다리를 엇기섞기 모아서 동요에 맞추어 다리세기
17	이박자박 / 함 모아 영자! 영자!	감정을 조절하며 즐겁게 줄다리기를 한다.	발을 타듯 춤추다가 노래가 끝나면 줄다리기
18	친구와 나무타령	친구와 짝이 되어 노랫말을 따라 즐겁게 놀이 한다.	노랫말에 맞추어 친구와 정한 율동으로 놀이하기

번호	제목	놀이명	놀이 목표	신체활동
19	실꾸리 감아라	친구와 함께 실을 감아요	친구와 함께 실을 감고 푸는 동작을 즐겁게 표현한다.	실꾸리에 실을 감고 푸는 동작을 친구와 짝지어 해 보기
20	우리는 실꾸리		몸으로 실을 감고 풀어보면서 친밀감과 즐거움을 느낀다.	친구 몸에 다양한 방법으로 줄을 감고 풀어 보기
21	널뛰기	공주머니 날뛰기	몸짓과 눈짓으로 친구와 의사소통을 해본다.	쳐 속의 공 주머니를 마주앉은 친구 바구니에 던져 넣기
22	남생아 놀아라	남생이처럼 흥겨울때	남생이의 움직임을 따라 즐겁게 노래를 부른다.	노래에 맞추어 남생이의 움직임을 흉내 내기
23		동물친구들의 놀이	동물들의 움직임을 다양하게 표현해본다.	노래에 맞추어 여러 가지 동물의 움직임을 흉내 내기
24	어깨동무	사이좋은 어깨동무	집단의 변화에 따라 친구와 어깨동무하고 걸어본다.	노랫말 끊어지는 부분에서 동작을 맞추어 놀이하기
25		함께 걷는 어깨동무 씨동무	게임에 집단 간 협력하며 즐겁게 참여한다.	친구와 동작을 맞추어 반환점 돌아오기
26	군밤타령	쫙 바꾸어 타령놀이	친구들과 돌아가며 짝을 지어 노래에 맞추어 춤춰 본다.	동요 간주 부분에서 짝 바꾸어 춤추기
27	여우야 여우야	여우야 여우야 극놀이	동물들의 마음을 극놀이로 표현해본다.	노랫말에 맞추어 지은 동화를 극놀이로 표현하기

번호		제목	목표	내용
28		여우야, 여우야 뭐하니?	친구와 규칙 있는 놀이를 즐긴다.	여우야 여우야 전래놀이
29	자장가	친구야, 자장자장	서로 재워주며 친구에 대한 수용감과 친밀감을 갖는다.	자장가에 맞추어 친구를 안거나 토닥이며 재워주기
30		요람에서 자장자장	따뜻한 접촉을 통해 정서적 안정감과 친밀감을 느낀다.	여럿이서 이불 요람을 만들어 친구 재워주기
31		약두약두약두기 고무줄 놀이	노래에 맞추어 고무줄놀이에 즐겁게 참여한다.	친구들과 함께하는 고무줄놀이
32	꼬마야 꼬마야	줄넘기 놀이 (1)	친구와 함께 줄넘기 놀이에 즐겁게 참여한다.	줄넘기 처음 단계로서 일정 놀이의 줄을 넘어보는 놀이
33		줄넘기 놀이 (2)	협력하며 여러 가지 방법으로 줄넘기를 익혀본다.	친구들과 호흡을 맞추어 줄넘기하는 놀이
34	순지기 하세	순지기 하세	친구와 신체접촉을 통하여 친밀감을 기른다.	나의 신체와 친구의 신체를 서로 맞닿아 체보는 놀이
35		콩 받아라	전래동요놀이를 하며 친구들과 친숙해진다.	손으로 콩을 주고받으며 하는 놀이

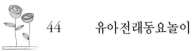

활동 01 스카프로 만든 두꺼비

전래동요	두꺼비
활동목표	• 친구와 서로 주고받는 노래를 즐겁게 부른다. • 스카프와 친구 손의 감촉을 몸으로 느껴본다.
주요관련 요 인	• 또래 유능성 – 사교성 • 정서지능 – 정서수용 및 적응능력
활동자료	장구, 노랫말 판, 스카프, 두꺼비 생태에 대한 PPT 자료

활동방법	〈도입〉
	• 두꺼비에 대해서 알아본다.
	 – 두꺼비는 어떻게 생겼을까? 무엇을 먹을까?
	• 전래동요 '두껍아 두껍아' 노래와 유래를 소개한다.
	 – 어린이들이 냇가 모래톱에서 손을 모래 속에 묻고 불렀던 노래란
	   다. 나중에 묻힌 손을 살짝 빼내면 구멍이 뚫린 모래집이 되는데
	   그것을 '두꺼비집'이라고 했단다.
	
	두껍아 두껍아
	
	두껍아 두껍아 헌집줄게 새집다오
	두껍아 두껍아 물길어 오너라
	너희집 지어줄게
	두껍아 두껍아 너희집에 불났다
	솥이랑 가지고 뚤레뚤레 오너라

활동방법	〈전개〉 · 카드를 붙이며 노래를 불러본다. · 장구장단에 맞추어 노래를 불러본다. · 다양한 방법으로 주고받으며 노래를 불러본다(교사와 유아, 남아와 여아 등). · 스카프를 이용해 놀이하는 방법을 생각해본다. 　- 모래 대신 스카프를 올려보아요. 두 명씩 짝을 지어서 해요. · 스카프를 친구의 신체에 덮어 토닥이며 노래를 불러본다(손등, 다리, 등...). · 역할을 바꾸어서 해본다.  〈마무리〉 · 활동을 평가한다. 　- 친구와 주고받으며 노래를 부르니 기분이 어떠니? 　- 스카프가 몸에 닿으니까 어떤 느낌이 들었니? 　- 친구가 내 몸을 두드려 주니까 어떤 기분이 들었니?

두껍아 두껍아

단모리장단   전래동요

두껍아 두껍아 헌 집 줄 께 새 집 다 오 두껍아 두껍아

물 길 어 오 너 라 두껍아 두껍아 너 희 집 지 어 줄 께

두껍아 두껍아 너 의 집 에 불 났 다 솔 이 랑 가 지 고 뚤 레 뚤 레 오 너 라

<악보출처 : 함께 즐기는 유아국악교육, 2004>

| 평가
(활동 후기) | ◇스카프와 신체접촉이 주는 느낌나누기:
유아에게 스카프에 대한 느낌을 물어보자, "살이 닿으니까 부드럽고 좋아요", "내 손을 토닥일 때보다 친구가 토닥여 줄 때가 더 좋아요."라고 반응했다.
다양한 신체접촉이 주는 안정감과 스카프가 감싸는 부드러움, 다리에 스카프를 놓고 토닥토닥 두드려주고 주물러주는 주는 스킨십 등이 자신의 감정을 편하게 인지할 수 있게 해주고 친구와 관계를 더 가깝게 느끼게 하였다. |

활동 02   보자기와 터널로 만든 두꺼비집

전래동요	두꺼비
활동목표	·여러 가지 대형으로 만들어 보는 두꺼비집 놀이에 즐겁게 참여한다. ·집단놀이에 참여하며 신체접촉을 통한 친밀감을 기른다.
주요관련 요 인	·또래 유능성 – 사교성, 친사회성 ·정서지능 – 정서인지, 정서표현
활동자료	장구, 노랫말 판, 스카프, 큰 보자기
활동방법	〈도입〉 ·지난번에 배웠던 것을 회상하며 다시 한 번 더 불러본다. - 손등을 두드리며 불러보자. - 스카프를 이용해서 해보자(손등 위에, 등 위에, 다리 위에). 〈전개〉 ·여러 명의 친구와 함께 두꺼비집을 만들 수 있는 방법을 생각해본다. - 어떻게 하면 더 많은 친구들이 힘을 모아 두꺼비집을 만들 수 있을 까? - 여러 명이 들어갈 수 있는 아주 큰 스카프를 씌워요. - 여러 명이 들어갈 수 있는 두꺼비집 터널을 만들어요. ·어떤 방법으로 큰 스카프를 씌워 줄 수 있을지 의논해본다. - 모두 동그랗게 모여요. 보자기를 사용해요 ·큰 보자기로 두꺼비집을 만들어본다.

| 활동방법 |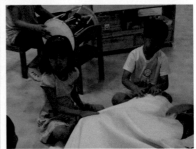

· 터널로 두꺼비집을 만들어 신체로 표현해 본다.

  - 어떻게 터널을 만들 수 있을까?

  - 우리가 터널을 해주면 끝에서부터 한명씩 지나가요.

· 주의할 점을 이야기 나눈다.

  - 지나가는 친구의 등을 두드릴 때 너무 세게 치지 않아요.

〈마무리〉

· 활동을 평가한다.

  - 짝과 할 때와 모든 친구들이 다함께 할 때 서로 다른 점이 있었니?

  - 터널과 원으로 두꺼비집을 만들어서 하니까 어떤 느낌이 드니?

  - 또 어떤 상황에서 모두가 하나가 될 수 있을까? 그 때 어떤 기분일 것 같니? |

평 가 (활동 후기)	◇ 큰 보자기와 터널로 두꺼비집을 만든 소감 나누기: 유아들이 큰 보자기 속에서 서로 옹기종기 엎드려 있으면서 소곤거리는 소리가 들려왔다. 그리고 터져 나오는 웃음을 참으며 키득키득 거렸다. 친구와 비밀스런 공간을 공유하는 게 즐겁고 행복해 보였다. 활동 후 "나만의 비밀공간을 만든 것 같아요", "스카프 보다 큰 보자기 속에 친구들과 같이 있는 것이 더 재미있어요."라고 얘기해주었다. 한 줄로 터널을 통과할 때도 친구끼리 서로 마주보고 웃으며 친구 등을 토닥여주었다. 활동 후 소감을 묻자 "많은 친구들이 있으니까 이런 놀이도 할 수 있어 좋아요."라고 이야기해 주었다. ◇ 다함께 집단을 이루어 놀이하는 느낌 나누기: 유아들이 함께 모일 때 놀이가 더 재미있다는 것을 많이 느끼고 깨닫는 시간이 되었다. 특히, 친구와 비밀공간을 공유하면서 함께 웃고 즐기는 친밀감까지 공유할 수 있었으며, 터널을 지나갈 때 내 등을 토닥이는 친구들의 손길을 느끼며 서로에 대해서는 마음이 열리고 집단에 대한 수용감을 갖는 것을 느낄 수 있었다.

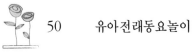

활동 03 두꺼비 마을

전래동요	두꺼비
활동목표	·물, 모래의 촉감을 느끼며 집단놀이에 즐겁게 참여한다. ·친구들과 협력하여 두꺼비집을 만들며 의견을 공유하고 조절해본다.
주요관련 요 인	·또래 유능성 - 친사회성, 주도성 ·정서지능 - 정서인지, 정서조절, 정서표현
활동자료	협동하여 두꺼비집을 짓는 모습의 PPT 자료, 장구, 모래, 물·모래놀이 도구

활동방법	〈도입〉
	·장단에 맞추어 "두껍아 두껍아" 노래를 불러본다.
	
	·PPT를 보면서 물, 모래를 이용하여 두꺼비 집을 어떻게 지을지 생각
	해본다.
	 - 친구들이 하는 것을 보니까 어떻게 하니?
	 - 서로 힘을 모아서 같이해요.
	 - 두꺼비 집은 어떻게 만들었니?
	 - 두꺼비 집이 서로 연결되게 만들었어요. 집 사이에 물길이 있어요.
	   어떤 것은 많은 두꺼비들이 들어갈 수 있게 구멍도 크고 집도 커
	   요.
	·우리가 만들 수 있는 두꺼비 집을 구상해본다.
	〈전개〉
	·질서 있게 모래놀이터로 이동한다.
	·팀별로 모여서 서로 어떻게 두꺼비집을 만들지 의논하며 집짓기를

활동방법	시작한다.
	
	· 두꺼비 노래를 부르며 유아들이 힘을 모아 협력해서 할 수 있도록 격려한다.
	
	  – 두꺼비 집이 더 커지게 하려면 어떻게 할까?
	
	  – 시우와 지원이네 집이 서로 연결되려면 어떻게 할까?
	
	· 친구들이 만든 두꺼비 집을 서로 소개한다.
	
	〈마무리〉
	
	· 활동을 평가하고 마무리한다.
	
	  – 스카프나 보자기로 하다가 모래로 하니까 다른 점이 있었니?
	
	  – 두꺼비집을 마을로 만들어보니까 어떤 느낌이 들었니?
	
	  – 마을을 어떻게 만들지 친구들과 이야기 하니까 어떤 점이 좋았니?

평 가 (활동 후기)	◇ 친구와 협력해서 만든 두꺼비집: 그동안 교실에서 다양한 방법으로 노래했던 것들을 오늘은 직접 모래놀이로 해보았다. 모래놀이 방법에 대해서는 유아들이 사전에 노래를 통해서 인지하고 있었기 때문에 쉽게 놀이로 응용해서 할 수 있었다. 혼자서 모래놀이 하는 것은 흔히 할 수 있으나, 협력해서 함께 두꺼비집을 지어보니 자연스럽게 마을이 형성되었고, 혼자 할 때보다 더 큰 두꺼비집이 완성되었다. ◇ 각 그룹별 두꺼비집을 만들어가는 과정과 상호작용 들여다보기: 전체를 세 그룹으로 나누어서 만들어 보았는데, 두 그룹은 협력이 잘 일어났고, 나머지 한 그룹은 마을을 만들기보다는 개별적으로 집을 짓고 있었다. 그 그룹 유아들에게 "집과 집 사이에 터널을 하나 더 만들어 보면 어떨까?"하고 제안해보기도 하였다. 그러자 유아들 사이에서 어떻게 어느 곳으로 지어볼지 이야기를 나누며 다시 마을을 지어가는 모습을 볼 수 있었다. 다른 두 그룹에서는 서로 어떻게 마을을 지을지 의논하고 토의하는 과정이 활발하게 일어났다. "너희들은 어떻게 마을을 만들거니?", "이곳이 다리예요. 그리고 저곳은 우물이에요. 우물은 지환이가 파기로 했어요."라고 얘기해 주었다. 그리고 마을을 계속 확장하다 보니 옆에 그룹 유아들과 공간이 겹치게 되었다. 처음에는 재욱이가 "너네 때문에 우리가 못하잖아" 하면서 불만을 표시했지만, 곧 재영이가 "(빈 공간을 가리키며) 야, 그럼 그것은 저쪽으로 옮겨서 하자" 하며 계획을 수정하여 상황을 정리해 주기도 하였다. 활동을 평가할 때 유아들이 "함께 만드니까 더 쉬웠어요. 즐거웠어요", "스카프보다 모래의 느낌이 더 좋았어요", "모래는 여러 가지 모양을 만들 수 있어서 좋았어요" 등의 얘기를 해 주었다. ◇ 각 그룹별 활동 결과: 이번 두꺼비 마을 만들기 활동에서는 각 그룹의 특성에 따라 두꺼비 우체국, 두꺼비 놀이터, 두꺼비 공원 등 더 크고 다양한 내용을 담은 마을이 완성되었지만, 그렇지 않은 유아는 몇 개의 두꺼비집만 만드는 것에서 그쳤다. 활동이 활발히 일어난 그룹은 유아들이 서로 협력

하고 끊임없이 의사소통하는 모습을 많이 보였으며, 이런 과정에서 의견을 적극적으로 제안하며 주도적으로 놀이를 이끌어가는 유아들도 발견할 수 있었다.

활동 04 참외밭에 삽살개 이야기

전래동요	참외밭에 삽살개
활동목표	·등장인물의 감정변화를 느끼며 다양한 방법으로 노래를 부른다. ·친구들과 생각과 의견을 서로 나누며 전래동요를 이야기로 꾸며본다.
주요관련 요 인	·또래 유능성 – 사교성, 친사회성 ·정서지능 – 정서인지
활동자료	장구, 노랫말 판, 동화배경 판, 막대인형(아이, 삽살개, 참외밭)
활동방법	〈도입〉 ·막대인형을 움직이며 이야기를 들려준다. – 아이 : 욕심 많은 삽살개야 어디 가니? – 해설 : 삽살개는 참외밭에 갔다가 참외 넝쿨에 걸려서 떼굴떼굴 – 아이 : 참외 줄게. 삽살개 : 깽깽. – 아이 : 안아 줄게. 삽살개 : 깽깽. – 아이 : 업어 줄게. 삽살개 : 깽깽. – 아이 : 어쩌라고? 삽살개 : 깽깽 깽깽깽. 참외밭에 삽살개 욕심 많은 삽살개 참외 도둑하려고 참외밭에 갔다가 참외넝쿨 걸려서 떼굴떼굴 떼떼굴 참외줘도 깽깽 참외줘도 깽깽 / 안아줘도 깽깽 안아줘도 깽깽 업어줘도 깽깽 업어줘도 깽깽 / 어쩌라고 깽깽 놔달라고 깽깽 깽 깽깽  

활동방법	 〈전개〉 • 이야기 내용에 관한 질문을 한다. 　- 이야기를 듣고 나서 어떤 생각이 드니? 　- 삽살개는 어떤 개일까? 　- 참외밭에는 왜 갔을까? (참외 서리하려고) 　- 서리한다는 말은 무슨 말일까? (남의 물건을 몰래 먹는 장난) 　- 참외밭에서 삽살개는 왜 넘어졌을까? (넝쿨에 걸려서.....) 　- 넘어져서 어떻게 되었니? (떼굴떼굴......) 　- 삽살개를 어떻게 달래 주었니? (참외주기, 안아주기, 업어주기....) • 이야기로 만든 노래 '참외밭에 삽살개'를 들려준다. • 노래를 들은 느낌을 이야기 나눈다. 　- 노래를 들어보니 어떤 느낌이 드니? 　- 어느 부분이 재미있었니? • 다양한 방법으로 노래를 불러본다. 　- 삽살개의 움직임을 표현하면서 불러보자. 　- 아이와 삽살개로 나누어서 표현해보자.  

〈마무리〉
· 활동을 평가한다.
 - 삽살개와 여자아이의 마음을 느낄 수 있었니?
 - 어떤 마음이었을까?
· 극놀이로 꾸밀 경우 어떻게 이야기를 전개할 수 있을지 이야기해본
  다.
 - 만약 이 노래를 극놀이로 한다면, 어떤 내용으로 만들어 볼 수 있을
   까?
· 다음 주 활동을 소개한다.
 - 언어영역에서 극놀이를 위한 이야기를 만들어 보자.
 - 너희들이 만든 것을 가지고 다음 시간에 극놀이를 해보자.

	 **참외밭에 삽살개** 〈악보출처 : 애들아 전래동요 부르자, 2009〉
평 가 (활동 후기)	◇ 삽살개에 대해 관심과 호기심을 나타낸 시간: 유아들이 동화의 내용을 주의 깊게 듣고 노래에 많은 흥미를 나타내었다. "선생님, 삽살개 진짜 웃겨요", "삽살개가 정말 많이 놀랐을 것 같아요", "삽살개는 왜 이름이 삽살개에요?"라고 하며 삽살개의 특성에 대해서도 새로운 관심을 갖고 여러 가지 많은 질문을 하였다. 다음 극놀이 활동을 위해 삽살개에 대해서도 잠깐 알아보는 시간도 가졌다. ◇ 친구와 함께 배우는데 적극적인 모습들: 재미있게 동화를 듣고 노래를 배우는 과정에서 다양한 손장단을 응용해서 제안하기도 하였다. 자발적으로 짝을 지어서 손장단을 쳐보는 등 친구와 함께 동요를 배우는데 적극적인 모습을 많이 나타내었다.

활동 05 참외 밭에 삽살개 극놀이

전래동요	참외밭에 삽살개
활동목표	• 극놀이를 통해 등장인물의 감정을 느끼고 표현해 본다. • 친구의 감정과 의견을 존중하며 노래 속 이야기를 극놀이로 표현해 본다.
주요관련 요 인	• 또래 유능성 – 친사회성, 주도성 • 정서지능 – 정서수용 및 적응능력, 정서인지, 정서표현
활동자료	장구, 노랫말 판, 참외밭 배경판, 여자아이 머리띠, 삽살개 머리띠
활동방법	〈도입〉 • 노래를 회상하며 불러본다. • 언어영역 활동을 통해 완성된 극놀이 내용을 막대동화 자료를 이용하여 다시 한 번 들려준다. 〈전개〉 • 극놀이를 위한 역할과 배치를 정한다. - 참외 밭은 어떤 것으로 할까? - 누가 삽살개를 할까? - 참외 넝쿨은 어떻게 표현할 수 있을까? • 극놀이 시 서로가 지켜야 할 점들을 이야기한다. • 교사의 해설에 따라 반 집단씩 나누어 극놀이를 진행한다. - 해설(교사) : (시작 전에 유아들과 의논한 대로 무대를 배치해 놓는다. 참외밭(예 : 카펫 또는 색 테이프선)을 배치해 놓고 참외 역할을 맡은 친구들은 손을 잡고 앉아 있다. 삽살개와 아이 역할을 맡은

친구는 유아들과 정한 대기 장소에 앉아서 기다린다.)

활동방법

옛날에 욕심 많은 삽살개가 있었대. 이 삽살개는 참외를 좋아해서 온 동네를 다니며 참외 서리를 했대. 이날도 참외 서리를 하러 참외 밭으로 살금살금 들어갔지(삽살개 살금살금 엎드려 걸어오며 등장). 맛있게 익은 참외 넝쿨들이 탐스러운 얼굴을 하고 앉아 있었어(참외들 반짝이는 눈빛을 삽살개에게 보낸다).

삽살개는 어떤 것을 먹을지 만져도 보고(친구의 머리를 쓰다듬는다), 통통 두드려도 보고(친구의 머리를 살짝 두드린다), 냄새도 맡아보았어(킁킁거린다).

그러다 그만 참외 넝쿨을 못보고 걸려서 넘어졌대(넝쿨에 걸려 데굴데굴 구른다). 삽살개는 떼굴떼굴 굴렀어. 그리고 너무 아파서 큰 소리로 울었어(깽깽 거리며 우는 시늉을 한다). 그 소리에 주인집 여자아이가 나와서 물었어(여자아이 등장).

- 아이 : 참외 줄까? (참외 밭에서 참외를 하나 따서 준다. 참외역의 친구의 손을 잡고 삽살개에게 데려간다)
- 삽살개 : 싫어. 깽깽...

	- 아이 : 이리와 안아줄게(안아준다). - 삽살개 : 안 먹어 깽깽... - 아이 : 업어줄게(등을 돌리고 삽살개를 업는다). - 삽살개 : 내려줘 깽깽... - 아이 : 그럼, 어쩌라고... 어떻게 해야 안 우니? - 해설 : 그래서, 아이는 삽살개를 놓아 주었대. 아이는 집으로 돌아갔고 삽살개는 도망갔어. 그 이후로 삽살개는 다시는 참외 서리를 하지 않았대(각자 맡은 역할을 소개한 후 인사하고 들어간다).  
활동방법	  ·평가를 한다. - 삽살개와 아이가 기분을 잘 표현해 주었니? - 혹시 동작이나 표현을 다르게 했음 하는 부분이 있니? ·평가를 기억하며 다른 반 집단의 극놀이를 한 번 더 진행한다. 〈마무리〉 ·극놀이를 한 후에 느낀 것들에 대해 평가한다. - 아이와 삽살개의 마음을 느낄 수 있었니? 어떤 마음이었을까? - 손을 잡고 참외 역할 한 친구들은 어떤 것을 느꼈니? - 친구와 역할을 해 나갈 때 잘 되지 않았던 부분이 있었니?

평　가 (활동 후기)	◇ 등장인물이 처한 기분과 감정을 느껴본 시간: 전래동요를 활용한 신체활동을 극놀이로 연결시켜 보았다. 전개되는 내용상 신체적 접촉을 통해 친밀감을 충분히 느낄 수 있을 뿐만 아니라, 극놀이를 하면서 등장인물들의 감정을 느끼고 표현할 수 있을 거라고 생각했기 때문이다. 유아들도 극놀이로 하니까 더 많이 집중하고 반응도 크게 나타났다. 진행도중 신체적으로 친밀감을 느낄 수 있게 해주는 접촉도 자연스럽게 이루어졌고, 해당 내용에 대한 정서적 느낌도 잘 표현해주었다. 비록 나와서 하는 것이라 감정표현이 더 실제적으로 나타나지 않았지만, 당시 등장인물이 처한 기분과 감정을 충분히 느껴볼 수 있는 시간이었다. ◇ 친구의 감정과 의견을 이해하고 존중할 수 있었던 놀이과정: 활동의 평가 시간에 유아들이 "재미있고 많이 웃겼어요"라는 얘기를 가장 많이 해주었다. 친구와 함께 역할을 해 나갈 때는 "친구가 빨리 빨리 반응을 해주지 않아서 기다리는 게 조금 힘들었어요"라고 얘기해주기도 하였다. 그러나 대체로 노래의 내용을 세부적으로 의논하고 호흡을 맞추어서 하나의 극놀이 작품을 완성하기까지 그 과정 자체에 많은 의미를 부여하고 있음을 알 수 있었고 해냈다는 자신감과 희열도 얻을 수 있었던 것 같다. ◇ 제안점: 유아들이 제안한 것 중에 극놀이의 길이가 짧은 것 같다는 의견이 있었다. 이점을 보완해서 자유 선택 활동 시 다른 창의적인 내용도 자유롭게 넣어서 해보자고 제안했다.

활동 06 호박과 농부

전래동요	호박 떼기
활동목표	• 노래의 내용에 따라 즐겁게 전래동요를 부른다. • 팀별로 결속되는 과정에서 자신의 감정을 조절하여 표현한다.
주요관련 요 인	• 또래 유능성 – 사교성, 친사회성 • 정서지능 – 정서조절, 정서표현
활동자료	장구, 노랫말 판, 사진 자료, 호박의 성장과정 동영상 및 PPT 자료

활동방법	〈도입〉
	• 주변에서 많이 볼 수 있는 채소인 호박에 대해서 알아본다.
	  – 호박은 어떻게 생겼을까?
	  – 호박은 어떻게 자랄까?
	• 동영상 자료를 보면서 호박의 성장과정과 다 자란 후의 모습을 탐색해본다.
	  – 다 자랐을 때의 모습은 어떤 모습이니?
	  (줄기마다 서로 엉기어 있는 모습)
	
	〈전개〉
	• 동요를 소개한다.
	  – 호박이 자라나고 호박을 뗄 때의 모습을 담은 전래동요가 있단다.
	
	호박 따러 왔다 씨를 뿌렸다 / 호박 따러 왔다 싹이 났다
	호박 따러 왔다 꽃이 피었다 / 호박 따러 왔다 열매가 달렸다
	호박 따러 왔다 이제 익어간다 / 호박 따러 왔다 다 따가거라.
	
	• 장구장단과 손장단에 맞추어 노래를 불러본다.
	• 손장단과 무릎장단을 응용해서 율동을 해본다.
	• '우리집에 왜 왔니?' 대형에 맞추어서 해본다.
	  ① 호박팀과 호박장수 팀으로 나누어서 선다.
	  ② 호박장수가 호박에게 한발 한발 다가가며 매기면, 호박인 친구들은 율동을 하며 받는다.

활동방법	③ '다 따가거라' 신호에서 호박장수 팀이 호박을 딴다. ④ 서로의 역할을 바꿔가며 놀이를 계속한다. · 활동 전에 주의할 점에 대해 충분히 이야기를 한다. - 호박이 따지지 않을 때는 어떻게 해야 할까? - 간지럼을 태워줘요. 신호가 나면 따는 것을 멈춰요.     〈마무리〉 · 놀이 후 느낀 것들을 평가한다. - 호박과 호박 장수가 되어 보니까 어떤 느낌이 드니? - 모두가 함께 모여 호박이 되었을 때와 호박장수가 되어 호박이 떼어질 때 어떤 것을 느꼈니?

호박떼기

전래동요

호박따러왔다　호박따러왔다　씨사러갔다　호박따러왔다

인제가지고왔다　호박따러왔다　밭에갈았다　호박따러왔다

씨를－뿌렸다　호박따러왔다　비가내렸다　호박따러왔다

바람이불었다　호박따러왔다　해가－쨍쨍　호박따러왔다

씨가－튼다　호박따러왔다　옆이났다－　호박따러왔다

꽃이폈다－　꽃이폈다－　열매가열렸다　열매가열렸다

인제익어간다　인제익어간다　다－먹었다　다－익었다　다따가거라

〈악보출처 : 유아교육 커뮤니티 키드키즈, www.kidkids.net〉

| 평　가
(활동 후기) | ◇ 한 팀이 되어 호박 따는 모습들:
유아들이 한 팀이 되어 호박을 뗄 때 서로 힘을 합쳐서 떼어보았다. 호박을 따다가 신호가 나면 제자리에 돌아가는 친구들도 있었고 호박을 끝까지 따는 친구도 있었다. 활동 내내 호박인 친구들이나 따는 친구들이나 모두 웃으며 활동 자체를 즐기는 모습을 많이 볼 수 있었다. 평가할 때 "호박을 떼는 게 조금 힘들었어요", "우리 팀이 더 호박을 많이 따서 좋았어요"라고 이야기를 해주었다. |

◇ 모두가 즐거운 거인이 되기 위해 지켜야 할 것들 나누기:

대체로 호박을 따면서 웃음이 많이 나왔고 너무 재미있었다는 평가였다. 그러나 몇몇 친구들이 억지로 잡아당겨서 팔이 아팠다는 이야기를 해주었다. "그럴 때 호박인 친구는 기분이 어떨까?, 호박이 안 따질 때는 어떻게 하기로 했었니?"라고 물어보자 "친구가 많이 아팠을 것 같아요.", "많이 따는 게 중요한 게 아니라 친구가 안 아픈 게 더 중요해요, 호박이 따지지 않을 때는 억지로 하지 않고 간지럼 태우기로 했어요" 등으로 얘기해주었다. 즐거웠지만, 약속이 지켜지지 않았거나 감정이 상했던 부분을 생각해보며 친구의 마음도 느낄 수 있는 시간이었다.

〈자료출처 : 국악놀이연구소, 2010〉

활동 07 호박넝쿨

전래동요	호박 떼기
활동목표	• 다양한 상호작용을 통해 협력과 사회적 기술을 증진한다. • 호박과 호박장수가 되어보는 집단놀이에 즐겁게 참여한다.
주요관련 요　인	• 또래 유능성 – 친사회성, 주도성 • 정서지능 – 정서조절, 정서표현
활동자료	장구, 노랫말 판, 사진자료
활동방법	〈도입〉 • 장단에 맞추어 지난번 불렀던 호박 떼기 노래를 불러본다. 〈전개〉 • 원대형으로 변형해서 게임을 할 수 있는 방법을 이야기 나눈다. 　- 원으로 바꾸어서 할 때 어떻게 할 수 있을까? 　- 안에 있는 친구들은 호박을 하고 바깥에 있는 친구들이 호박장수를 　　해요. • 호박넝쿨을 어떻게 연결할 수 있을지 이야기를 나눈다. 　- 서로 넝쿨의 모습을 팔짱을 끼고 앉아서 표현해요. • 안전하게 게임 할 수 있는 방법에 대해서 이야기 나눈다. 　- 머리나 옷을 잡아당기지 않아요. 떨어진 호박은 바깥쪽에 있어요. • 친구들과 함께 정한 규칙으로 호박 떼기를 해본다. 　① 호박장수와 호박 모둠으로 나눈다. 　② 호박들은 서로 떨어지지 않도록 중앙에 모여 앉고 호박장수들은 　　호박들을 원으로 둘러싼다. 　③ 호박장수가 조금씩 좁혀오고, 호박들은 넝쿨을 만들어준다.

활동방법	④ "다 따가거라"라는 마지막 말이 끝나면 호박장수들은 호박들을 하나씩 떼어낸다. ⑤ 떼어낸 호박들을 한 곳에 모아놓는다. ⑥ 서로의 역할을 바꿔가며 놀이를 계속한다.    〈마무리〉 ・놀이 후 느낀 것들을 평가한다. - 호박넝쿨로 표현하니까 지난번과 어떤 점이 달랐니? - 모두가 함께 모여 호박이 되었을 때와 호박장수가 되어 호박이 떼어질 때 어떤 것을 느꼈니? - 각 팀별로 서로 대화하고 생각을 모으니까 어떤 점이 좋았니?
평 가 (활동후기)	◇ 친구들과 함께 다양하게 손장단 쳐보기: 유아들이 단합된 모습을 많이 볼 수 있었던 활동이었다. 함께 노래 부를 때도 단순히 장단 맞추기 뿐 아니라 여러 가지 의견을 내서 다양한 방법으로 손장단을 쳐볼 수 있었다. ◇ 친구들과 팔짱을 끼며 친밀감 기르기:

	호박장수들은 호박을 떼기 위해서 서로 힘을 합쳐서 떼는 것을 도와주었다. 호박이 된 친구들은 서로 떨어지지 않기 위해 팔짱을 끼고 오밀조밀 모여 앉고 호박장수들이 떼려고 할 때마다 안 떨어지려고 서로 노력했다. 활동이 끝난 후에도 같은 팀을 했던 친구들끼리는 팔짱을 끼고 계속 다니며 놀이를 통해 생긴 친밀감이 이어지는 것을 볼 수 있었다. ◇ 유아들의 창의적인 생각 모음: 그리고 호박장수가 늦게 따가도록 "호박 따러 왔다"에 댈 수 있는 이유들을 호박 역할의 유아들이 이리저리 궁리하는 시간도 재미를 더해 주었다. 서로 팔짱을 낀 채로 머리를 맞대어 의논하고 좋은 핑계가 되는 노랫말로 응수하는데, 유아들은 "다른 데로 가거라", "다 떨어졌다", "상어 나타났다", "니네 집에 가거라", "돈 가져 오너라", "아직 덜 익었다" 등의 노랫말로 재치 있게 위기의 순간을 모면했다. ◇ 평가 속에 나타난 하나 됨의 기쁨: 활동이 끝난 후 유아들이 고무적인 평가를 했다. "우리가 호박넝쿨처럼 정말 하나가 된 것 같아요", "유괴범들이 나타날 때도 우리가 서로 이렇게 팔짱을 꽉 끼고 있으면 절대 못 잡아 갈 것 같아요"라고 말이다. ◇ 마음모으기, 다양한 상호작용, 사회적 기술들을 배울 수 있었던 시기들: 유아들이 전래동요를 할 때마다 함께하는 것의 기쁨과 즐거움에 대한 평가를 계속해서 많이 내주고 있다. 특히 이번 활동에서는 내가 속한 팀의 이익을 위해 서로 마음을 모으고 순간순간 재치 있는 아이디어를 내며 다양하게 상호작용하였고 그 과정에서 양보하기, 배려하기, 도움주기 등의 사회적 기술들이 많이 나타나는 것을 볼 수 있었다.
평 가 (활동후기)	

<자료출처 : 국악놀이연구소, 2010>

활동 08 동서남북 열어라

전래동요	대문놀이
활동목표	・자진모리장단에 맞추어 대문놀이를 흥겹게 불러본다. ・함께 대문을 통과하면서 집단의 일원이 되어 즐겁게 놀이한다.
주요관련 요 인	・또래 유능성 – 사교성, 주도성 ・정서지능 – 정서인지, 정서표현
활동자료	장구, 노랫말 판, 음악CD, 카세트
활동방법	〈도입〉 ・옛날 조선시대 우리나라 수도 서울을 지켰던 4대문을 소개한다. - 이 대문은 문지기가 항상 지키고 있었단다. 대문놀이는 여기서 유래된 노래로 두 사람이 양 손을 잡아 올려 문을 만들고 그 문 밑으로 다른 사람들이 빠져나가는 놀이야. '문뚫기・문열기'라고도 했대. 대문놀이 문지기 문지기 문열어라 열쇠 없어 못열겠네 어떤 대문에 들어갈까 동대문(서대문・남대문・북대문)에 들어가 문지기 문지기 문열어라 덜커덩덩 열렸다.

활동방법	〈전개〉 · 손장단에 맞추어 노래를 불러본다. · 신체활동으로 연결한다. 　- 대문놀이가 뭘까? 　- 문지기가 문을 안 열어주면 어떻게 하지? 　- 신체활동으로 하면 어떻게 할 수 있을까? · 유아들과 구상한 방법으로 대문놀이를 해본다. 　- 문 역할을 할 친구들을 정한다. 　- 나머지 유아들은 한 줄 기차를 한다. 　- 앞 사람의 허리를 잡고 노래를 부르면서 문을 통과한다. · 놀이방법을 응용한다. 　- "덜컹덜컹 열렸다" 노래 부분에서 잡힌 유아에게 "콩 먹을래, 팥 먹을래" 하고 물어본 후 유아의 대답에 따라 해당하는 문 역할을 한 유아 뒤쪽에 선다. 　- 문을 통과하는 유아 한명이 남을 때까지 진행한다.   

	〈마무리〉
	
	·활동을 평가한다.
	  - "콩 먹을래, 팥 먹을래"로 놀이방법을 바꾸니까 어떤 점이 달라졌
	    니?
	  - 같은 팀 친구끼리는 어떤 마음을 느낄 수 있었니?

	대문 놀이
	
	문 지 기 문 지 기 문 열 어 라 — 열 쇠 없 어 못 열 겠 네
	
	어 떤 대 문 에 들 어 갈 까 — 1.동 대 문 을 들 어 가 (4절까지 반복)
	2.서 대 문 을 들 어 가
	3.남 대 문 을 들 어 가
	4.북 대 문 을 들 어 가
	
	문 지 기 문 지 기 문 열 어 라 — 덜 커 덩 떵 열 렸 다
	
	〈악보출처 : 유아·어린이 국악교육 길라잡이1, 2003〉

평 가
(활동 후기)
	◇ 수용감, 소속감을 느끼게 해 준 대문놀이:
	  노래의 배경에 대해서 설명해주고 활동방법에도 약간의 변형을 준 것
	이 유아들에게 색다른 호기심과 즐거움을 더해 준 것 같다.
	  특별히, 대문에 걸리는 친구들은 그동안 그냥 아웃시키거나 새롭게
	대문 만드는 친구로 바꾸어 주었는데, 이번에는 콩과, 팥 중에 선택해
	서 친구 뒤에 서게 하니까 같이 줄 선 친구들끼리 같은 팀이라는 소
	속감을 느낄 수 있었다.
	  유아들도 "콩 먹을래, 팥 먹을래"라고 하는 부분이 가장 재미있었다
	고 이야기해주었다. "자은이랑 저는 콩팀이었어요." 하며 손을 잡고
	좋아하는 모습을 보여주었다.
	  이번 활동을 통해서는 유아들이 같은 팀에 소속되어 함께 어울리며
	수용감을 많이 느낀 시간이었다.

 **활동 09 대문놀이**

전래동요	대문놀이
활동목표	·집단의 일원이 되어 즐겁게 대문놀이를 한다. ·대문놀이에 서로 협동하여 질서를 지켜 참여한다.
주요관련 요 인	·또래 유능성 – 사교성, 주도성 ·정서지능 – 정서조절, 정서표현
활동자료	실외활동
활동방법	〈도입〉 ·실외에서 두 줄로 모여 앉는다. ·대문놀이를 회상하며 장단에 맞추어 노래를 불러본다. 〈전개〉 ·다른 활동 방법에 대해서 생각해본다. - 이번에는 또 어떻게 해볼까? ·대문을 통과하며 연이어 대문을 만들어 본다. - 두 친구가 대문을 만든다. - 대문을 통과한 친구들은 연이어 대문을 만든다. - 모든 친구들이 대문을 다 만들 때까지 진행한다. ·대문 아래로 지나가는 친구들 등을 토닥인다. ·게임으로 어떻게 응용할 수 있을지 이야기를 해본다. - 게임으로 바꾸어 놀이하면 어떻게 할 수 있을까? · 게임방법을 함께 정한다. - 팀을 두 팀으로 나눈다.

활동방법	

- 대문 아래를 통과할 때 등을 토닥이며 연이어 대문을 만들어 나간 다.
- 모든 유아가 한 번씩 다 통과한 팀이 이긴다.

〈마무리〉
• 놀이를 평가한다.
 - 대문놀이 방법을 바꿔서 하니까 어떤 점이 달랐니?
 - 질서를 지키기 어려운 부분이 있었니? 왜 그렇게 되었을까? |
| 평 가
(활동 후기) | ◇ 대문의 일원으로 소속감 길러주기:
 문을 만드는 다양한 방법으로 활동에 변화를 주었다. 단순히 대문 만들기로 끝나지 않고 서로서로 등을 두드려주고, 손뼉을 치면서 신체활동을 했다. 여러 상호작용을 통해 유아들이 활동 속에 더 깊이 몰입했다. 특별히 게임으로 연결하니까 각 팀별로 힘을 모아서 더 빨리 대문을 만들어나가려고 했다.
◇ 기다림과 인내를 위한 게임의 약속 상기하기:
 그러나 중간에 더 먼저 도착하려고 하다 보니 대문의 행렬이 흐트러지고 경쟁이 심화되었고 상대적으로 놀이에 방해를 받는 친구들이 생기게 되었다. 그래서 중간에 게임의 약속을 한 번 더 상기해보았다. |

> "기다리지도 않고 내가 하고 싶은 데로 하면 어떤 일이 일어날까?"
> 유아들은 처음의 약속대로 다시 게임을 시작할 수 있었고, 기다림과 인내가 소중하다는 것을 직접 체험을 통해 내면화시킬 수 있게 되었다.

활동 10   어디까지 왔나?

전래동요	어디까지 왔나
활동목표	・노랫말을 응용하여 전래동요를 즐겁게 주고받는다. ・앞을 못 보는 경우와 같이 어려운 친구의 마음을 이해하고 도와준다.
주요관련 요 인	・또래 유능성 – 친사회성, 주도성 ・정서지능 – 정서수용 및 적응능력, 정서인지
활동자료	장구, 노랫말 판, 색테이프(바닥경계선 표시), 눈가리개

활동방법	〈도입〉
	・전래동요 '어디까지 왔나'의 유래를 알아본다.
	  – 이 노래는 친구들이 짝이 되어 마을을 돌아다니며 부르던 노래란다.
	〈전개〉
	・교사가 장단에 맞추어 노래를 부르며 소개한다.
	
	어디까지 왔나
	
	어디까지 왔나 동산까지 왔다. / 어디까지 왔나 정승까지 왔다
	어디까지 왔나 삽작거리 왔다. / 어디까지 왔나 우물까지 왔다.
	어디까지 왔나 축담 밑에 왔다. / 어디까지 왔나 구들목에 왔다.
	
	・다양한 손장단에 맞추어 노래를 불러본다.
	・노랫말을 바꿔서 불러본다.
	  – 어디까지 왔나 / 책나라방 지났다.
	  – 어디까지 왔니 / 해님반을 지났다.
	・4~6명의 유아끼리 조를 이루어 유치원의 복도 방을 걸으면서 불러
	  본다.
	・눈을 가리고 하는 방법에 대해서 이야기 나눈다.
	  – 이번에는 앞에 친구들은 눈을 뜨고 뒤에 친구들이 감고해요.
	・유의할 점에 대해 이야기한다.
	  – 앞에서 길을 안내하는 친구는 어떻게 해야 할까?
	  – 뒤를 따르는 친구들은 어떤 점을 주의할까?

활동방법	· 4~6명씩 나란히 어깨를 올리고 서서 장단에 맞추어 복도 방을 천천히 돌아온다.

	〈마무리〉
	· 눈을 가리고 걸어본 느낌과 길을 안내한 느낌을 이야기 나눈다.
	  - 눈 가리고 걸을 때 힘든 점은 무엇이었니?
	  - 보이지 않은 친구들을 안내할 때 어떤 것을 느꼈니?
	  - 친구의 도움을 받으며 걸을 때 무엇을 느꼈니?

	어디까지 왔나?
	
	전래동요
	
	어 디 까 지 왔 나? 동 산 까 지 왔 다
	어 디 까 지 왔 나? 장 승 까 지 왔 다
	어 디 까 지 왔 나? 삼 작 거 리 왔 다
	어 디 까 지 왔 나? 우 물 들 까 지 왔 다
	어 디 까 지 왔 나? 구 들 목 에 왔 다
	
	〈악보출처 : 함께 즐기는 유아국악교육, 2004〉

평 가 (활동 후기)	◇ 어려운 친구의 입장 이해하기: 유아들의 동요가 불러진 유래를 자세히 전해 듣고, 노래에 더 많은 관심을 갖고 시작할 수 있었다. 안전 부분에서 특히 주의 환기를 많이 하였다. 눈가리개를 하는 유아, 앞에서 끌어주는 유아를 정한 후 미리 나눈 주의할 점을 바탕으로 유아들이 어디까지 왔나? 노래에 맞추어서 복도방을 한 바퀴 천천히 돌았다. 나중에는 보이지 않는 곳을 걸어가는 느낌을 즐기는 표정들도 많았다. 평가를 하면서 "정말, 앞이 안보이니까 답답했어요", "가고 싶은 곳도

뛰어서 못가겠어요"라고 이야기해주었다. 인솔한 친구들은 "그래도 우리가 앞을 볼 수 있어서 다행이었어요.", " 제가 잘못갈까봐 조금 힘들었어요."라고 어려웠던 마음도 나누어주었다.

활동 11 누구까지 왔나?

전래동요	어디까지 왔나
활동목표	· 어려울 때 도와주는 친구에게 고마운 마음을 갖는다. · 짝을 여러 친구에게 데리고 가며 놀이를 이끌어 본다.
주요관련 요 인	· 또래 유능성 - 친사회성, 주도성 · 정서지능 - 정서수용 및 적응능력, 정서인지
활동자료	장구, 노랫말 판
활동방법	〈도입〉 · 지난번에 배웠던 전래동요를 회상하며 불러본다. · 다른 방법으로 응용하여 표현하는 방법에 대해 이야기를 나눈다. 　- 한줄기차로 가요. 　- 교실의 영역을 지나갈 때마다 어디냐고 물어봐요. 　- 그러면, 지난번에는 눈가리개를 했는데 이번에는 고개를 숙이고 친 　 구 허리를 잡고 따라가 보자.

| 활동방법 | 〈전개〉 |

〈전개〉

· 원대형으로 모여 앉는다.

 - 우리가 이렇게 원대형으로 앉아있어도 '어디까지 왔나'를 할 수 있을까?

 - 원을 돌면서 장소 대신 친구 이름을 넣으면 되요.

 - 그럼, 어떻게 할 수 있을까?

 - 이것도 같이 짝이 되어서 한 명은 눈을 감고 한 명은 눈을 뜨고 손잡고 가요

· 두 명의 유아가 짝이 되어 '어디까지 왔나' 노래를 '누구까지 왔나'로 바꾸어 부르며 유아들이 앉은 주변을 돈다.

 - '누구까지 왔나?' / 지혜까지 왔다.

· 노래를 다섯 번 반복 했을 때, 도착한 지점에 있는 친구 두 명이 일어나서 그 다음 순서로 또 이어서 한다.

· 또 다른 방법으로 할 수 있는 방법을 생각해본다.

 - 앉아있는 친구들이 이번엔 엎드려서 해요.

 - 그러면, 엎드린 친구들은 잘 모르니까 노래에 맞춰 등을 토닥여주자.

· 두 명의 친구가 나와서 노래에 맞추어 친구의 등을 토닥이며 불러본

	다. - 누구까지 왔나? / (등을 토닥이며) 준혁이까지 왔다. • 동일한 방법으로 다음 할 차례를 정한다. 〈마무리〉 • 활동을 평가한다. - "누구까지 왔나?"로 바꾸니까 어떤 점이 다르게 느껴지니? - 뒤에 있는 친구를 이끌어 줄 때 앞에 있는 친구는 어떤 느낌이었니? - 동그랗게 앉아서 할 때와 엎드려 있을 때가 어떻게 달랐니?
평 가 (활동 후기)	◇ 짝을 이끌어주며 전체놀이 흐름 주도하기: 친구와 함께 짝을 이뤄서 놀이하는 부분에 대해서 "친구 이름을 넣어서 하니까 더 좋았어요."라는 반응이 많았다. 마지막 엎드려서 했을 때는 "친구가 언제 올지 몰랐는데, 진짜 내 등을 토닥여 주니까 신기했어요."라고도 이야기해 주었다. 그리고 "원 주변을 돌면서 같이 허리를 잡거나 손을 잡고 갔을 때 기분이 좋았어요."라는 얘기도 해주었다. 또한 한 명의 짝이 다른 한 친구를 이끌고 인도하면서 전체놀이의 흐름을 주도할 수 있었다. 유아들 사이에서의 놀이가 계속 이어지고 확장되도록 하는데 많은 도움을 줄 수 있는 활동이었다.

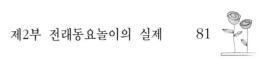

활동 12 기와 밟고 가위 바위 보!

전래동요	기와 밟기
활동목표	・친구들과 함께 움직이며 소속감을 경험한다. ・친구와 규칙 있는 놀이를 즐긴다.
주요관련 요 인	・또래 유능성 – 사교성, 주도성 ・정서지능 – 정서조절, 정서표현
활동자료	장구, 노래영상 CD, 종이 블럭.

활동방법	〈도입〉
	・'기와 밟기'라는 전래동요가 있음을 알리고 유래를 들려준다.
	 - 옛날 왕과 공주가 난리를 만나 피난 가는 길에 하천을 건너게 되었
	  대. 공주의 발이 젖지 않도록 마을 소녀들이 등을 굽히고 그 위를
	  공주가 밟고 건너게 한 데서 나온 동요란다.
	・전래동요를 듣고 '기와 밟기' 하는 자료화면을 감상해본다.
	・노랫말에 대해 알아 본 후 함께 노래를 주고받으며 불러본다.
	
	 어디골 기완가 장자장자골 기와지
	몇냥을 주었나 열냥열냥을 주었지
	〈전개〉
	・놀이로 연결한다.
	 - 놀이로 바꾸면 어떻게 할 수 있을까?
	 - 기와를 깔고 정말 건너봐요.
	 - 그럼, 우리는 기와가 없으니까 종이 블럭으로 해보자.
	・직접 기와 밟기 놀이를 한다.
	 - 종이 블럭을 징검다리처럼 놓고 양 옆에 두 편으로 나누어선다.
	 - 노래에 맞추어 어깨춤을 추다가 서로 만나면 앞에 있는 친구 두 명
	  이 대표로 가위 바위 보를 한다.
	 - 이긴 팀은 그대로 종이 블럭을 밟고 가고, 진 팀은 자리를 양보하고
	  바닥으로 이동한다.
	 - 여러 명의 유아들이 가위 바위 보를 해 볼 수 있도록 게임을 반복

활동방법	한다. 〈마무리〉 • 활동을 평가한다. - 우리 팀인 친구가 지거나 이겼을 때 기분이 어땠니? - 비록 졌지만 모두가 함께 바닥으로 이동할 때 어떤 기분이 들었니?   **장자골기와**  어 디 골 기 완 - 가 장 자 장 자 골 기 와 지 몇 냥 을 주 었 - 나 열 냥 열 냥 을 주 었 지 <악보출처 : 애들아 전래동요 부르자, 2009>
평 가 (활동 후기)	◇ 경쟁하지 않고도 즐겁게 참여하는 놀이: 기와 밟기가 놀이 속에서 자연스럽게 이루어지는 상황이다 보니 가위 바위 보에서 이기고 진 것에 대해 그대로 순응하며 받아들이는 것 같 았다. 이긴팀은 즐겁게 환호성을 치고 갔지만, 그것으로 뽐내지 않고

오던 종이벽돌 길을 그대로 밟고 갔다. 진팀은 아쉬워했지만, 그것 때문에 속상해 하지 않고 진대로 모두들 즐겁게 바닥으로 이동해 갔다. 놀이상황이 주는 편안함 때문에 경쟁하지 않고도 모두들 즐겁게 참여할 수 있었다.

◇ 또래에 대한 소속감 경험하기:
또한, "비록 졌어도 모두가 함께 이동하니까 괜찮았어요.", "가위 바위 보 할 때 뒤에서 잘 안보였는데, 저도 같이 보며 응원하고 싶었어요."와 같은 평가를 해 주었다. 졌어도 화내거나 짜증내지 않고 한 마음으로 팀을 응원하면서 또래에 대한 소속감도 더 깊게 경험할 수 있는 시간이었다.

<활동 자료출처 : 서울특별시교육청, 2008>

활동 13 잠자리 꽁꽁

전래동요	잠자리 꽁꽁
활동목표	• 휘모리장단에 맞추어 잠자리 꽁꽁 동요를 재미있게 불러본다. • 합의된 놀이규칙을 지키면서 놀이에 즐겁게 참여한다.
주요관련 요 인	• 또래 유능성 - 친사회성, 주도성 • 정서지능 - 정서인지, 정서표현
활동자료	장구, 노랫말 판, 빨강색 테이프 CD. 카세트
활동방법	〈도입〉 • 잠자리 꽁꽁 노래에 대해 소개한다. - 옛날에도 가을이 되면 잠자리들이 들판에 많이 날아 다녔단다. 그 때의 친구들이 잠자리 잡기 놀이를 하면서 불렀던 노래란다. • 국악가락에 맞추어진 노래CD를 다함께 들어본다. 〈전개〉 • 휘모리장단에 맞추어서 노래를 불러본다. • 노랫말이 주는 리듬감과 재미를 살려서 다양한 방법으로 불러본다. 잠자리 꽁꽁 잠자리 꽁꽁 꼼자리 꽁꽁 이리와라 꽁꽁 저리가라 꽁꽁 잠자리 꽁꽁 꼼자리 꽁꽁 이리 오면 살고 저리 가면 죽는다 • 잠자리 꽁꽁 노래의 내용을 생각하며 놀이로 연결해본다. - 이 노래를 놀이로 연결하면 어떻게 할 수 있을까? - 잠자리들이 있는 들판에 친구가 들어가서 잠자리를 잡는 놀이요. - 모두가 잠자리가 되고 술래인 친구를 한명 정해요. • 친구들과 교사가 함께 정한 놀이방법대로 게임을 진행한다. - 잠자리가 되어 자유롭게 선다. - 술래를 정한다.

| 활동방법 | - 술래인 친구가 잠자리 중에 한명을 잡으면 잠자리인 친구가 술래가 된다.
- 이 때 친구들은 정해진 공간 안에서 도망한다.
- 전래동요 CD 음악이 나오면 음악과 함께 술래 역할을 한 친구들이 상대편 친구를 잡는 게임을 시작한다.
· 게임을 다른 방법으로도 응용해본다.
- 팀을 두 팀으로 나눈다.
- 바닥에 빨강 테이프를 중심으로 양쪽으로 나누어 자유롭게 선다.
- 각 팀에서 술래 역할을 한명 정한다.
- 술래 역할을 맡은 친구는 상대팀 한가운데로 들어간다.
- 전래동요 CD 음악이 나오면 음악과 함께 게임을 시작한다.
- 게임 종료 후 각 팀별로 더 많은 친구들이 남아 있는 팀이 이긴다.

〈마무리〉
· 활동을 평가한다.
- 술래인 친구는 잠자리인 친구들을 잡으려 할 때 기분이 어땠니? 잠자리인 친구들은 도망 다녔을 때 기분이 어땠니?
- 술래 역할을 하고 싶은 친구들이 많았는데 그 때는 어떻게 해야 할까? |

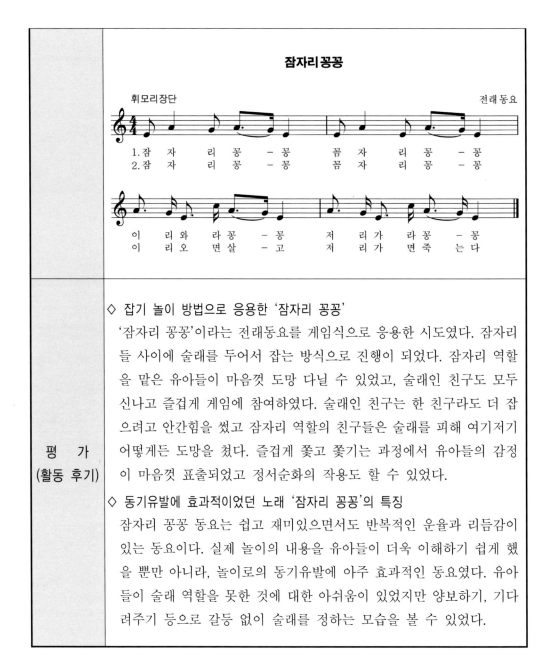

잠자리 꽁꽁

휘모리장단   전래동요

1. 잠 자 리 꽁 — 꽁   꼼 자 리 꽁 — 꽁
2. 잠 자 리 꽁 — 꽁   꼼 자 리 꽁 — 꽁

이 리 와 라 꽁 — 꽁   저 리 가 라 꽁 — 꽁
이 리 오 면 살 — 고   저 리 가 면 죽 는 다

평 가 (활동 후기)	◇ 잡기 놀이 방법으로 응용한 '잠자리 꽁꽁' '잠자리 꽁꽁'이라는 전래동요를 게임식으로 응용한 시도였다. 잠자리들 사이에 술래를 두어서 잡는 방식으로 진행이 되었다. 잠자리 역할을 맡은 유아들이 마음껏 도망 다닐 수 있었고, 술래인 친구도 모두 신나고 즐겁게 게임에 참여하였다. 술래인 친구는 한 친구라도 더 잡으려고 안간힘을 썼고 잠자리 역할의 친구들은 술래를 피해 여기저기 어떻게든 도망을 쳤다. 즐겁게 쫓고 쫓기는 과정에서 유아들의 감정이 마음껏 표출되었고 정서순화의 작용도 할 수 있었다. ◇ 동기유발에 효과적이었던 노래 '잠자리 꽁꽁'의 특징 잠자리 꽁꽁 동요는 쉽고 재미있으면서도 반복적인 운율과 리듬감이 있는 동요이다. 실제 놀이의 내용을 유아들이 더욱 이해하기 쉽게 했을 뿐만 아니라, 놀이로의 동기유발에 아주 효과적인 동요였다. 유아들이 술래 역할을 못한 것에 대한 아쉬움이 있었지만 양보하기, 기다려주기 등으로 갈등 없이 술래를 정하는 모습을 볼 수 있었다.

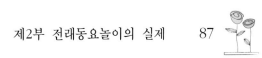

활동 14　친구와 방아 찧기

전래동요	저 달 봤나
활동목표	• 다양한 방법으로 묻고 답하는 노래를 즐겁게 부른다. • 친구와 신체적 접촉을 통해 친구의 마음을 느껴본다.
주요관련 요　인	• 또래 유능성 - 사교성, 친사회성 • 정서지능 - 정서인지, 정서표현
활동자료	장구, 노랫말 판
활동방법	〈도입〉 • 노래를 소개한다. - 우리 전래동요에는 묻고 답하는 노래가 많단다. 친구가 한 소절씩 짧은 질문을 던지면 "나도 봤다" 하며 지지 않으려는 듯 툭툭 말을 던지는 재미있는 노래란다. 　　　　저 달 봤나 저 달 봤나 나도 봤다 / 저 해 봤나 나도 봤다 저 별 봤나 나도 봤다 / 저 하늘 봤나 나도 봤다 돌아간다 돌아간다 / 꾀꼬리 동동 눈치 봐라 〈전개〉 • 유아들과 함께 어떤 방법으로 부를지 이야기해본다. • 다양한 방법으로 변형해서 불러본다. ① 선생님과 주고받으며 불러보기 - 지은이 봤나 / 나도 봤다 ② 짝끼리 주고받으며 불러보기 - 책상 봤나 / 나도 봤다 　(손뼉으로 장단을 맞추다가 '~돌아간다' 부분에서 손뼉을 마주대고 돌리기) 　(등을 대고 앞, 뒤로 흔들다가 '~돌아간다' 부분에서 등을 마주 대고 돌기)

활동방법	  • 가락과 장단이 익숙해지면 서서 장단을 치다가 손잡고 도는 놀이로 연결해본다. • 익숙해지면 친구와 등대고 방아 찧기 놀이로 연결해본다.  - 저 달 봤나~ 서로 등을 마주 대고 번갈아 가면서 등을 젖히고 구부린다. - 돌아간다~ 팔짱을 낀 채 빙글빙글 돈다(유의할 점에 대해 충분히 이야기를 나눈다). • 짝을 바꿔서도 해본다.  

	〈마무리〉 ・활동을 평가한다. 　- 노랫말에 내 이름, 친구 이름을 넣어 불러보니까 어떤 느낌이 들었 　니? 　- 짝과 함께 몸을 맞대어서 돌아보기도 하고 방아 찧기도 해보았는데 　어떤 기분이 들었니?  저 달봤 나 나 도 봤 다 저 해봤 나 나 도 봤 다 저 별봤 나 나 도 봤 나 저하늘봤 나 나 도 봤 다 들 어간 다 돌 아간 다 꾀꼬리동 동 눈 치 봐 라 〈악보출처 : 애들아 전래동요 부르자, 2009〉
평　　가 (활동 후기)	◇ 새로운 장단의 동요 소개: 　그동안 다루어보지 않은 장단인 중중모리 장단은 묻고 답하고의 느낌 이 많이 나서 더욱 신명나는 동요였다. 유아들에게 장구에 맞추어서 새로운 장단을 소개하니 눈을 크게 뜨고 집중하였다. ◇ 친구의 이름을 불러주기: 　노랫말을 주고받을 때부터 흥미를 많이 갖기 시작했다. 그러다가 한 명씩 이름을 불러주며 "원준이 봤나", "나도 봤다"하고 주고받으니까 더욱 신나게 불렀다. 언제 자기의 이름을 부를지 기대감을 갖고 참여 했다. 친구를 바라보고 눈을 맞추며 이름을 부르는 것에서 친밀감도 기를 수 있었다. ◇ 새로운 방법의 신체활동 제안: 　그리고 점차 신체활동으로 심화 확장해 나가기 시작했다. 순서 속에 유아들이 제안해서 넣어본 것도 있는데, 방아 찧기 전 단계에서 "팔 을 잡고 돌아요", "이번에는 손을 어슷하게 올려 손뼉을 치면서 장단

을 맞춰요" 등 계속해서 새로운 방법들을 얘기해주었다.

◇ 친구 등에 기대어 누워보기:

방아 찧기 할 때는 유아들이 친구의 등에 완전히 기대어 천장을 바라
봐야 하는데, 떨어질까 하는 마음에 목에 힘이 많이 들어간 친구들도
있었다. 어떤 친구는 완전히 친구 등에 기대며 "친구 등에 누우니까
편해요" 이런 얘기도 해주었고, "혼자서 했더라면 이렇게 재미있는
것을 못했을 거예요"라고 얘기해주었다.

친구의 이름을 부르며 다양한 신체접촉을 가져오는 신체활동으로 확
장하면서 모든 유아들이 더욱 사이좋게 즐겁게 어울리는 모습을 볼
수 있었다.

활동 15 달·해·별·하늘 보고 껑충!

전래동요	저 달 봤나
활동목표	・친구와 함께하는 놀이에 즐겁게 참여한다. ・원대형과 모둠별로 전래동요를 표현하며 집단 내에서 수용감과 친밀감을 기른다.
주요관련 요 인	・또래 유능성 – 사교성, 주도성 ・정서지능 – 정서조절, 정서표현
활동자료	장구, 노랫말 판, 음악 CD, 카세트.
활동방법	〈도입〉 ・저 달 봤나 노래를 불러본다. ・지난번에 했던 다양한 방법으로 변형해서 불러본다(묻고 답하기, 이름으로 불러보기, 노랫말 바꾸어서 불러보기, 앉아서 또는 서서돌기, 친구와 방아 찧기). 〈전개〉 ・원대형으로 앉았을 때 할 수 있는 방법을 이야기 나눈다. ・이야기한 것을 신체로 활동해본다. ① 앉아서 하는 놀이로 활동해본다. - 원대형으로 다 같이 앉는다. - 뒷사람은 앞사람의 어깨에 손을 올려놓는다. - 노랫말에 맞추어 몸을 앞으로 숙이고 뒤로 젖히기를 반복하면서 노래를 부른다(안마하기, 간지럼 태우기 등으로 변형해서 불러본다). - "돌아간다~" 부분에서는 발로 바닥을 구르고 손은 실 감는 동작으

활동방법	로 엇갈려 돌리며 방향을 바꾼다.
	- 반복하며 불러본다.

	② 서서 하는 놀이로 활동해 본다.
	- 큰 원을 구간별로 정해서 달, 해, 별, 하늘의 역할을 나눈다.
	- 노래를 부르며 교사가 지목하는 그룹은 한발 나왔다가 들어간다.
	  (앉았다 일어나기, 만세 부르며 뛰어올랐다 내려오기 등으로 응용)
	- "돌아간다~" 부분에서는 별을 반짝이며 제자리에서 돌아본다.
	  (강강수월래처럼 손을 잡고 돌아가는 것으로도 응용해본다.)

	〈마무리〉
	· 활동을 평가한다.
	- 달, 해, 별, 하늘의 역할을 나누어서 모둠으로 할 때 어떤 점이 좋았
	  니?
	- 동그란 기차로 앉아서 친구에게 안마해주고, 어깨동무하면서 부르
	  니까 어떤 느낌이 드니?

평 가 (활동 후기)	◇ 원대형과 모둠별 활동을 통해 친밀감 기르기: 짝꿍끼리 하다가 전체 원대형으로 하니까 놀이가 더욱 역동적으로 일 어났다. 앉아서 하는 부분에서는 "친구가 어깨를 주물러주니까 느낌

이 좋았어요, 간지러웠어요" 이런 얘기들을 많이 해주었다. 일어나서 동그랗게 돌고 팔을 벌려 껑충 뛰어오르면서 유아들이 힘닿는 대로 가장 높이 마음껏 뛸 수 있었다.

무엇보다 달·해·별·하늘 각 파트별로 한마음으로 같이 뛰어오르며 단합된 모습을 보여주기도 하였고 "우리는 달이야, 그치~" 하면서 자신의 팀에 대한 애착과 수용감을 나타내었다. 이 과정에서 같은 팀끼리 더욱 친해질 수 있었다. 손잡고 돌 때 유아들이 원대형을 그대로 유지하며 돌았던 것이 각 팀별로 서로 하나가 되는데 도움을 주었다.

<자료출처 : 국악놀이연구소, 2010>

✉ 활동 16 다리세기 놀이

전래동요	이박 저박
활동목표	·자진모리장단에 맞추어 노래를 신나게 부른다. ·친구와의 신체접촉을 통해 친밀감을 느낀다.
주요관련 요 인	·또래 유능성 – 사교성, 친사회성 ·정서지능 – 정서수용 및 적응능력, 정서인지
활동자료	장구, 노랫말 판, 음악 CD, 카세트.
활동방법	〈도입〉 ·전래동요를 소개한다. – 원래 말놀이였으나 경상도 지방에서는 다리세기 놀이를 할 때 불려 지기도 했단다. 〈전개〉 ·노랫말을 소개한다. 이박 저박 이박저박 곤지박 하늘에 올라 조롱박 꼬부랑 막대 딱 치니 꼬부랑 꼬부랑 꼬부랑 깽 다따 먹은 난두박 처마 끝에 대롱박 꼬부랑 막대 딱 치니 꼬부랑 꼬부랑 꼬부랑 깽 – 노래의 내용을 살펴보자. 어떤 내용인 것 같니? ·장단에 맞추어 다양한 방법으로 불러본다(손장단, 무릎장단, 어깨동무, 손목 잡고 앞뒤로 흔들기 등).

활동방법

· 다리세기 놀이를 소개한다.

- 다리세기가 무엇일까? 어떻게 할 수 있을까? (친구들끼리 다리를 서로 엇갈려 앉아서 노래 장단에 맞추어 다리를 차례로 짚어가며 부른다. 노래가 끝날 때 짚은 다리는 한쪽씩 뺀다)

- 다리가 마지막에 남은 친구는 어떻게 할까
- 친구는 엎드리고 노래에 맞추어 등을 두드리며 끝내요.

· 4명씩 한 팀을 이루어 다리세기 놀이를 반복한다.

〈마무리〉

· 활동을 평가한다.

- 여러 가지 방법으로 노래를 불러보았는데 어떤 느낌이 드니?

	- 친구의 다리를 짚어주고, 등을 두드리며 생긴 다양한 상황을 어떻게 해결했니?  <악보출처 : 함께 즐기는 유아국악교육,2004>
평 가 (활동 후기)	◇ 장단에 맞추어 다리를 짚고 빼는 패턴 즐기기: 유아들이 노랫말을 익히기 시작하자 장단이 주는 재미에 더욱 더 몰입하며 노래를 불렀다. 손을 모아 직접 친구의 다리를 짚어주고 빼는 놀이로 연결하니까 유아들이 다리를 짚고 빼는 패턴을 재미있게 즐겼다. ◇ 친구와 신체접촉을 통해 친밀감 기르기: 놀이를 하면서 유아들이 "아까는 내가 했으니까 이번에 네가 먼저 해", "야, 등 너무 세게 치지 마. 친구가 아프잖아" 하는 등 친구들끼리 서로 재미있게 놀이를 이어가면서 양보하고 배려하는 모습을 볼 수 있었다. 평가를 하면서 "친구의 다리를 짚으며 놀이하니까 신기하고 재미있었어요."라고 얘기해주었다. 친구와 신체접촉을 통해 이런 놀이까지 다양하게 할 수 있다는 것에 색다른 재미를 느꼈다.

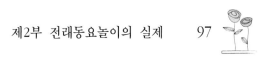

활동 17 힘 모아 영차 영차!

전래동요	이박 저박
활동목표	·자진모리장단에 맞추어 박 타는 노래를 신나게 부른다. ·감정을 조절하며 즐겁게 줄다리기를 한다.
주요관련 요 인	·또래 유능성 – 사교성, 주도성 ·정서지능 – 정서조절, 정서표현
활동자료	장구, 노랫말 판, 음악 CD, 카세트, 밧줄.

활동방법	〈도입〉
	·지난번 불렀던 노래를 장단에 맞추어 여러 가지 방법으로 불러본다.
	·다리세기 놀이를 한번 더 해본다.
	
	〈전개〉
	·박 탈 때 모습을 생각하며 줄다리기로 하는 방법에 대해 이야기한다.
	 - 흥부가 박탈 때 모습을 기억하니?
	 - 왔다갔다 박탈 때 모습을 따라서 줄다리기 해보자.
	·한 팀을 둘로 나누어 줄다리기를 한다. 협동을 잘하도록 격려한다.
	 - 왔다 갔다 하다가 징소리가 날 때 줄다리기를 하자. 이기고 지기보
	  다 박 타는 놀이를 즐겨보자. (줄다리기를 첫 번째 팀과 두 번째 팀
	  을 나누어서 따로 한다. 즉 팀 대항이 아니라 각 팀 안에서 양 갈래
	  로 나누어 줄다리기를 한다. 두 번의 줄다리기가 끝나면, 두 번째
	  팀도 같은 방식으로 줄다리기를 한다.)

활동방법	

〈마무리〉

• 활동을 평가한다.

– 그동안 했던 방법과 조금 다르게 줄다리기를 해보니까 어떠니?

– 다른 놀이에서도 이기고 진 것과 상관없이 모두가 즐거운 놀이가 되려면 어떻게 놀이하면 좋을까? |
| 평가 (활동 후기) | ◇ 게임보다 놀이로 즐기는 줄다리기:

신나는 노랫말에 맞추어 줄다리기로 연결해 보았다. 유아들이 줄다리기를 그동안 이기기 위해서 했는데, 이번에는 좀 다른 방법으로 한 팀을 둘로 나누어서 팀 안에서 서로 다치지 않게 즐겁게 놀이하는지에 중점에 두었다. 유아들이 결과에 상관없이 줄다리기 자체를 즐기는 모습을 많이 보여주었다. 평가를 할 때도 "줄다리기는 게임으로만 하지 말고 이렇게 놀이로 하는 것도 재미있어요", "사이좋게 할 수 있어서 좋았어요", "옛날에는 지면 화가 났는데 오늘은 끝까지 재미있었어요"라고 하였다. 게임 결과에 상관없이 속상해 하지 않고 유아들이 끝까지 즐거운 마음으로 게임에 참여해 주었다. |

〈자료출처 : 아마데우스 클래스 음악교실, 2009〉

활동 18 친구와 나무놀이를!

전래동요	나무노래
활동목표	·나무의 특징을 익살스런 노랫말로 담은 나무노래를 즐겁게 부른다. ·친구와 짝이 되어 노랫말에 따라 즐겁게 놀이한다.
주요관련 요 인	·또래 유능성 – 사교성, 친사회성 ·전래동요 – 정서인지, 정서표현
활동자료	장구, 노랫말 판
활동방법	〈도입〉 ·나무에 대해 이야기를 나눈다. - 가을 나무들은 어떻게 생겼니? - 어떤 나무들을 알고 있니? - 나무의 이름을 말할 수 있니? ·나무노래를 소개한다. - 나무의 이름을 가지고 옛날부터 전해내려 온 동요란다. 〈전개〉 ·자진모리장단으로 들려준다. 나무타령 가자가자 감나무 오자오자 옻나무 바람 솔솔 소나무 너하고 나하고 살구나무 방귀 뽕뽕 뽕나무 ·여러 가지 방법으로 노래를 불러본다. (손장단, 무릎장단, 주고받으며 부르기) ·유아들과 함께 노랫말에 맞추어서 어떤 동작을 할지 이야기하며 정 해본다.

활동방법	  · 함께 정한 동작을 표현해본다. · 노래와 춤이 익숙해지면 세마치장단으로 빠르기를 변형해서 불러본다.      

〈마무리〉

· 활동을 평가한다.

- 나무의 특징을 살려 전해져 온 나무 노래를 부르니까 어떤 기분이 드니?

- 짝지어서 동작으로 표현할 때 기분이 어땠니?

- 유치원에서 둘씩 했을 때 나무노래처럼 할 수 있는 재미있는 활동이 어떤 것이 있을까?

삼채(자진모리)

①			①			①	I	○	I
가	자		가	자		감		나	무
오	자		오	자		옻		나	무
바	람		솔	솔		소		나	무
너	하	구	나	하	구	살	구	나	무
방	귀		뽕	뽕		뽕		나	무

〈악보출처 : 애들아 전래동요 부르자, 2009〉

평 가 (활동 후기)

◇ 친구와 함께하는 노랫말 즐기기:

유아들이 나무노래의 익살맞은 가사에서 부터 많은 흥미를 나타내었다. 특히 "방귀 뽕뽕 뽕나무"에서 폭소를 터트리며 계속 뽕뽕 거리는 등 말놀이를 즐기는 모습도 자주 볼 수 있었다.

이번 활동은 둘씩 짝을 지어 노랫말을 잘 표현할 수 있는 신체활동으로 연결해 보았다. 장단을 자진모리에서 세마치로 변형을 주어서 느리게도 하고 빠르게도 해보았다. 유아들이 "장단이 갑자기 빨라질 때가 제일 재미있었어요"라는 평가가 많았다.

◇ 친구와 함께 노랫말을 즐겁게 표현하기:

또한, 친구랑 같이 짝을 지어서 했던 부분에서는 "자유선택활동 할 때 같이 음식을 나누어먹고 사탕까지 먹고 있는 기분이었어요"라는 의미 있는 평가를 내려주기도 하였다. 그리고 "방귀 뽕뽕 할 때도 친구가 없으면 엉덩이 치는 것을 못해요" "살구나무 할 때 우리는 서로 간질러 주는 것도 했어요" 등 둘이 할 때의 기쁨을 나눌 수 있어서 웃음과 재미가 넘쳤던 활동이었다.

활동 19 친구와 함께 실을 감아요

전래동요	실꾸리 감아라
활동목표	· 휘모리장단에 맞추어 노래를 즐겁게 부른다. · 친구와 호흡을 맞추어 실을 감고 푸는 동작을 즐겁게 표현해 본다.
주요관련 요 인	· 또래 유능성 – 사교성, 친사회성 · 정서지능 – 정서수용 및 적응능력, 정서인지
활동자료	장구, 노랫말 판, 실꾸리, 사진 자료, 음악 CD, 카세트
활동방법	〈도입〉 · 실꾸리를 보여주며 실과 관련된 경험에 대해서 이야기를 나눈다. - 실로 무엇을 해보았니? - 실뜨기요, 바느질 뜨개질 구경도 해보았어요. · 노래를 소개한다. - 옛날 친구들도 실을 감고 푸는 모습을 보면서 이 노래를 불렀단다. - '실꾸리 감아라'는 충청도 지방에서부터 불러졌던 노래란다. - 옛날 아이들은 이 노래를 반복적으로 빠르게 불렀다가 느리게 불렀다가 하며 즐겨 불렀단다. 실꾸리 감아라 실꾸리 감아라 명주꾸리 감아라 실꾸리 풀어라 명주꾸리 풀어라

활동방법	〈전개〉

〈전개〉

· 실꾸리를 감고 풀면서 노래를 불러본다(천천히 감다 빨리 감는다).

· 장단에 맞추어 여러 가지 방법으로 노래를 불러본다(빠르기, 음높이, 목소리를 바꿔서).

· 여러 가지 방법으로 몸을 이용해 표현해 본다.

① 양 검지손가락을 펴서 빙글빙글 돌린다.

② 주먹으로 빙글빙글 돌린다.

③ 바닥에 누워서 몸을 떼굴떼굴 굴린다.

④ 짝과 함께 손을 잡고 바닥에 누워서 노래에 맞추어 몸을 굴려본다.

· 짝을 바꿔서도 해본다.

	〈마무리〉 · 활동을 평가한다. - 짝과 함께 감고 풀어 보니까 혼자서 하는 것과 어떻게 다르니? - 실을 감고 풀어 볼 때 잘 되지 않을 때가 있었니? - 그럴 때는 어떻게 풀었니?  <div align="right">〈악보출처 : 애들아 전래동요 부르자, 2009〉</div>
평 가 (활동 후기)	◇ 친구와 함께 소통하는 실 감기 동작: 전래동요가 쉽고 간단해서 검지손가락과 주먹으로 돌리면서 금방 가락과 노랫말을 익힐 수 있었다. 자기 몸을 이용해서 "혼자 하는 것보다 친구와 같이 하니까 더 즐거웠어요"라고 하는 한편 "서로 함께 맞추어서 돌아가야 하니까 그게 조금 힘들었어요"라는 평가도 같이 해 주었다. 그만큼 유아들이 호흡을 맞추고 서로의 속도를 조절하는 과정에서 서로의 의견을 조정해 보기도 하고 친구의 움직임에 맞춰가며 서로 도와서 활동을 했다. 유아들이 혼자서 바닥을 굴러볼 때는 할 수 없었던 여러 가지 의사소통 과정을 짝과 함께 손을 맞잡고 돌아보는 시간을 통해 직접 체험해 볼 수 있었다.

〈자료출처 : 국악놀이연구소, 2010〉

🌿✉ 활동 20 우리는 실꾸리

전래동요	실꾸리 감아라
활동목표	• 원대형으로 실을 감고 풀어보며 친구들과 친밀감을 기른다. • 실을 감고 푸는 동작을 집단으로 표현하는 과정에서 정서적 조절력을 기른다.
주요관련 요 인	• 또래 유능성 – 사교성, 주도성 • 정서지능 – 정서수용 및 적응능력, 정서조절
활동자료	장구, 노랫말 판, 사진 자료, 음악 CD, 카세트, 줄
활동방법	〈도입〉 • 지난번에 배웠던 여러 가지 방법으로 노래를 불러 본다. (빠르기, 음높이, 손동작 등) 〈전개〉 • 짝과 함께 표현할 수 있는 방법을 알아본다. • 짝과 함께 표현해본다(손자전거와 발자전거 놀이). • 줄을 이용해서 표현한다(짝이 내 몸에 감아주기, 내가 줄을 감아보기). • 원대형으로 실을 감고 푸는 동작을 표현해 본다.

활동방법	① 술래를 감는 실꾸리 - 손을 잡고 원을 만들어 선다. - 술래가 꼼짝 않고 서 있으면 술래와 가까이 손잡은 친구부터 술래를 감는다. ② 내가 감는 실꾸리 - 내가 제자리에서 돌아서 실꾸리를 감는다. - 원으로 만든 실이 끊어지지 않게 하려면 어떻게 해야 할까?       〈마무리〉 • 활동을 평가한다. - 이렇게 우리 몸으로 실을 감는 방법에는 여러 가지 방법이 있구나. - 짝과 함께 그리고 모두 함께 여러 가지 방법으로 실을 감아보니까 어떤 느낌이 드니?

	– 실이 끊어지지 않게 노력했을 때 어떤 것을 느꼈니? – 이렇게 우리처럼 모두가 하나가 된 것을 본 적이 있니? 어떤 것들이었니?
평 가 (활동 후기)	◇ 친구들과 하나의 실이 되어 본 소감 나누기: 유아들이 몸을 이용해서 달팽이처럼 말아 보고 풀어 보는 활동으로 연결되는 신체활동에 대해 많은 흥미를 나타내었다. 나의 신체를 이용해서 감아 보다가 짝과 함께 감아 보고 원대형까지 확장해 가면서 풀었다 감았다를 반복하는 과정에 유아들이 즐겁게 몰입해갔다. 구체적인 평가에서 끈을 몸에 감았다 풀었다 할 때는 "진짜 실뭉당이를 감는 기분이었어요"라고 이야기해주었다. "원대형으로 우리 모두가 하나의 실이 되었을 때는 마치 팽이가 된 기분이었어요"라며 흥분해서 이야기해주는 친구들도 있었다. ◇ 주의할 점 인지를 통한 동기부여: 원대형 활동을 할 때는 유아들이 쉽게 흥분할 수 있기 때문에 활동이 끊어지지 않도록 주의가 많이 요구되었다. 그 점을 고려하여 "실을 감거나 풀 때 엉키지 않게 하려면 어떻게 해야 할까?", "실을 너무 빨리 풀면 어떻게 될까?" 하며 유아들이 힘과 감정을 고르게 안배하고 빠르기보다는 질서를 지켜 활동할 수 있도록 미리 동기를 부여해주었다. ◇ 놀이가 유지되도록 하는 사전 의사소통 과정: 특별히 이번에는 단순한 원대형이 아니라 달팽이처럼 감았다 풀어 나가는 대형 변화가 있었는데 어느 때보다 실이 끊어지지 않기 위해 유아들이 속도를 줄이고 다른 친구의 움직임에 자신의 움직임을 맞추는 등 많이 노력하는 모습을 보였다. 활동 중에도 하나가 될 수 있도록 동기부여를 해 주는 요소가 있었지만, 사전에 유아들의 협력과 상호 존중의 의미를 기를 수 있도록 하는 충분한 의사소통 과정이 어느 때보다 즐겁고 재미있는 활동으로까지 연결된 것 같다.

<활동 자료출처 : 국악놀이연구소, 2010>

✉ 활동 21 콩 주머니 널뛰기

전래동요	널뛰기
활동목표	· 몸짓과 눈짓으로 친구와 의사소통하며 친구의 마음을 느껴본다. · 노랫말과 장단이 주는 리듬감에 맞추어 재미있게 콩 주머니를 주고 받는다.
주요관련 요 인	· 또래 유능성 – 친사회성, 주도성 · 정서지능 – 정서인지, 정서표현
활동자료	CD 자료, 바구니, 콩 주머니, 배드민턴 라켓
활동방법	〈도입〉 · 널뛰기를 해 본 경험이 있는지 이야기 나눈다. · 제목이 널뛰기인 전래동요가 있음을 알리고 전래동요 자료 화면을 감상해 본다.

널뛰기

쿵더쿵 쿵더쿵 널뛰는데 싸래기 받아서 닭 주고
쿵더쿵 쿵더쿵 널뛰는데 왕겨를 받아서 개 주고
쿵더쿵 쿵더쿵 널뛰는데 종드래기 옆에 차고
쿵더쿵 쿵더쿵 널뛰는데 하늘의 별 따러 가자

· 들어본 것에 대해 이야기를 나눈다.
 - 어떤 풍경을 노래한 것 같니?
 - 왜 제목이 널뛰기인 것 같니? (키질을 하면서 곡물이 오르락내리락 하는 모습이 널뛰기를 연상하게 해서 붙여진 제목)
〈전개〉
· 노랫말에 대해 이야기 나눈다.
 - 어떤 말이 나왔니?
 - 싸래기, 왕겨, 종드래기가 무슨 말일까?

활동방법	· 노랫말을 알아본 후 노래를 불러본다.
	· 놀이화면을 보면서 놀이하는 방법을 익힌다.
	 - 어떤 방법으로 하는 놀이니?
	 - 쿵더쿵 할 때는 키질을 하고 있구요. '~주고' 할 때는 친구에게 건
	  네주어요.
	· 콩 주머니와 바구니를 이용해서 직접 콩 받기 놀이를 한다(개별적으
	로 키를 구하기 어려우므로 유아용 라켓을 이용함).
	· 역할을 바꾸어서도 해본다.

	〈마무리〉
	· 활동을 평가한다.
	 - 콩 주머니를 주고받을 때 친구가 언제 던지고 받을지 느낄 수 있었
	  니?

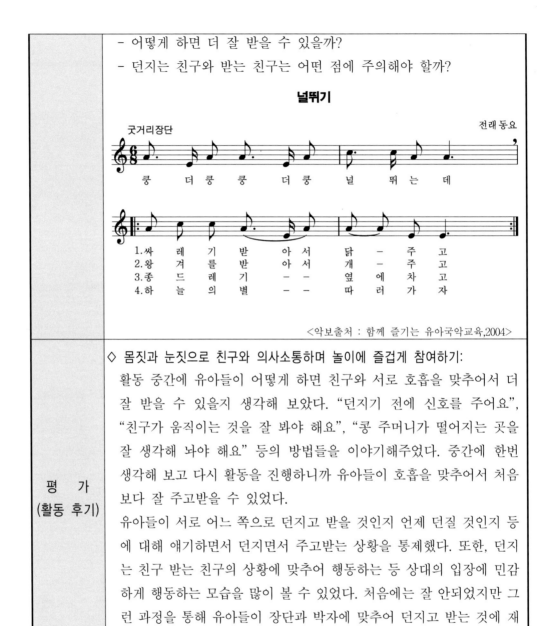

	- 어떻게 하면 더 잘 받을 수 있을까? - 던지는 친구와 받는 친구는 어떤 점에 주의해야 할까? **널뛰기** 굿거리장단 　　　　　　　　　　　　　　　　　　　전래동요 쿵　더쿵　쿵　더쿵　널　뛰　는　데 1. 싸　레　기　받　아　서　닭　－　주　고 2. 왕　겨　를　받　아　서　개　－　주　고 3. 종　드　레　기　－　－　옆　에　차　고 4. 하　늘　의　별　－　－　따　러　가　자 〈악보출처 : 함께 즐기는 유아국악교육,2004〉
평　가 (활동 후기)	◇ 몸짓과 눈짓으로 친구와 의사소통하며 놀이에 즐겁게 참여하기: 　활동 중간에 유아들이 어떻게 하면 친구와 서로 호흡을 맞추어서 더 잘 받을 수 있을지 생각해 보았다. "던지기 전에 신호를 주어요", "친구가 움직이는 것을 잘 봐야 해요", "콩 주머니가 떨어지는 곳을 잘 생각해 봐야 해요" 등의 방법들을 이야기해주었다. 중간에 한번 생각해 보고 다시 활동을 진행하니까 유아들이 호흡을 맞추어서 처음보다 잘 주고받을 수 있었다. 　유아들이 서로 어느 쪽으로 던지고 받을 것인지 언제 던질 것인지 등에 대해 얘기하면서 던지면서 주고받는 상황을 통제했다. 또한, 던지는 친구 받는 친구의 상황에 맞추어 행동하는 등 상대의 입장에 민감하게 행동하는 모습을 많이 볼 수 있었다. 처음에는 잘 안되었지만 그런 과정을 통해 유아들이 장단과 박자에 맞추어 던지고 받는 것에 재미를 느끼며 활동에 참여했다.

〈자료출처 : 서울특별시교육청, 2008〉

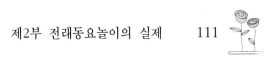

활동 22 남생이처럼 촐래촐래

전래동요	남생아 놀아라
활동명	• 남생이의 움직임을 따라 즐겁게 노래를 부른다. • 친구의 동작을 다양하게 표현해 보며 친밀감을 갖는다.
주요관련 요 인	• 또래 유능성 – 사교성, 주도성 • 정서지능 – 정서인지, 정서표현
활동자료	장구, 노랫말 판, 남생이 사진 자료 및 움직임 동영상, 여러 가지 동물 그림

활동방법

〈도입〉

• 사진 및 영상 자료로 남생이에 대해 알아본다.

 – 남생이는 어떤 동물일까.

 – 남생이가 헤엄치는 것을 보았니?

〈전개〉

• 전래동요 '남생아 놀아라'를 소개한다.

남생아 놀아라 촐래촐래가 잘 논다

• 장단에 맞추어 노래를 불러본다.

 – 촐래촐래는 무슨 말일까?

 – 어떻게 표현할 수 있을까?

• 다른 의태어를 넣어서 불러본다.

 – 남생이의 움직임을 또 어떻게 표현할 수 있을까?

 – 엉금엉금요, 이리저리요.

활동방법	• 노랫말에 남생이 대신 다른 동물을 넣어 표현해 본다. – 토끼야 놀아라. – 깡총깡총 잘 논다. • 원대형으로 서서 한명씩 돌아가면서 자기가 생각한 의태어로 동작을 표현한다. • 의태어와 동작을 다 같이 한 번 더 따라서 노래 부른다. – 지연아 놀아라(다같이). 춤을 추며 잘 논다(지연이). 춤을 추며 잘 논다(다같이). • 다음에는 동물 친구들을 모둠별로 표현해 보기로 한다. – 이번에는 동물 친구들을 우리가 각자 표현했는데 다음에는 각자 맡은 동물의 모둠별로 표현해 보자.    

	〈마무리〉 · 활동을 평가한다. – 남생이뿐만 아니라 친구의 동작을 따라서 표현해 보니까 어떤 기분이 드니? – 잘 몰랐던 친구의 여러 가지 모습을 보면서 무엇을 느꼈니?  **남생아 놀아라** 해남 강강술래 중에서 조문애 발췌 채보 자진모리장단 남 생 아 놀 아 라 촐 래 촐 래 가 잘 논 다  |									
---|---|---|---|---|---|---|---|---|---| 남	생	아	놀	아	라	촐	래촐래	가	잘논	다  변형 토 끼 야 놀 아 라 깡 총 깡 총 이 잘 논 다 강 아 지 놀 아 라 라 폴 짝 폴 짝 이 잘 논 다 고 양 이 놀 아 라 사 뿐 사 뿐 이 잘 논 다 토 끼 강 아 지 놀 아 라 깡 총 폴 짝 이 잘 논 다 강 아지 고 양 이 놀 아 라 라 폴 짝 사 뿐 이 잘 논 다 집 짐 승 놀 아 라 다 – 같 이 도 잘 논 다 <div align="right">〈악보출처 : 함께 즐기는 유아국악교육, 2004〉</div>

평 가
(활동 후기)
	◇ 나의 다양한 정서를 이해하고 친구의 다양한 모습을 표현해 보기:
	    남생이의 다양한 움직임을 관찰해 보면서 친구의 움직임을 따라해 보는 것까지 연결시킨 활동이다. 평소에 자주 같이 놀지 않았던 친구들도 모두 함께 친구의 다양한 모습을 따라해 볼 수 있었고 그러면서 서로에 대해 더욱 친해질 수 있는 시간이었다.
	    또한 동물의 다양한 모습을 표현할 때도 자신의 감정과 정서를 실어서 밥 먹을 때 모습, 잘 때 모습 화날 때 모습 등을 실제처럼 표현해 주었다.

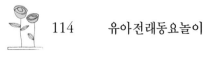 **활동 23 동물 친구들의 놀이**

전래동요	남생아 놀아라
활동목표	• 장단에 맞추어 동물의 움직임을 즐겁게 표현해 본다. • 친구들과 의논하여 동물의 움직임을 다양하게 표현해 본다.
주요관련 요 인	• 또래 유능성 – 사교성, 친사회성 • 정서지능 – 정서수용 및 적응능력, 정서인지, 정서표현
활동자료	장구, 노랫말 판, 내가 그린 동물 그림, 음악 CD, 카세트
활동방법	〈도입〉 • 자유선택 활동 시간에 각자 그림으로 표현한 동물대로 모둠을 지어 앉는다. • 남생아 놀아라 노래에 맞추어 모둠별로 표현한 동물을 넣어 불러 본다(호랑이, 나비, 토끼의 세 모둠). 호랑아 놀아라 어흥어흥 잘 논다 나비야 놀아라 훨훨 잘 논다. 토끼야 놀아라 깡충깡충 잘 논다. 〈전개〉 • 해당 모둠별로 동물들을 어떻게 표현할 수 있을지 이야기해 본다. 　– '호랑이야 놀아라'라고 할 때는 준비자세하고요. '어흥어흥 잘 논다.' 할 때는 걸어가면서 어흥하는 시늉을 해요. 　– 한 줄로 이동하면서 표현해 봐요. • 동물 모둠별로 나와서 표현해 본다.

활동방법	  · 주의할 점을 이야기하며 다시 한 번 표현해 본다. 〈마무리〉 · 활동에 대해서 평가한다. 　- 혼자서 동물을 표현할 때와 이번처럼 친구들과 의논해서 동물을 표 　　현할 때 어떤 점이 달랐니? 　- 잘 안되었던 부분이 있었니? 모두가 맞춰서 표현하기 위해서는 어 　　떻게 해야 할까?
평 가 (활동 후기)	◇ 다양하게 상호작용하며 친구의 의견 존중하기: 　한 주간 아이들이 계속 부르면서 입에 익숙한 곡이 되었다. 그 사이 팀별로 조형영역에서 동물들을 그려보았다. 그러면서 어떻게 표현할 지 활발한 상호작용이 일어나기도 하였다. 　특별히 중간에 간주 부분을 어떻게 표현하면 좋을지에 대해서 다양한 이야기들이 나왔다. 팀별로 그 부분을 함께 이야기 할 때도 처음에는 각자 자기가 하고 싶은 것만 이야기 했지만, 누군가 적절한 아이디어 를 제안하자 유아들도 자신의 생각을 조금씩 양보하고 의견을 맞춰가 는 모습을 보여주었다. ◇ 팀별 협력방법 생각하기: 　그 결과 신체로 표현할 때는 어떤 팀은 빙글빙글 돌았고, 다른 팀은 그 부분에서 박수를 했다. 평가 시간에 유아들이 그 부분을 다 함께 맞춰서 하는 게 힘들었다는 이야기를 해주었다. 그렇다면 어떻게 해 야 모두 맞춰서 잘 할 수 있을까를 생각해 보았다. "연습이 필요해요, 다른 방법으로 해요"라고 하며 각 팀별로 활발하게 나누며 협력하는 모습을 보여주었다.

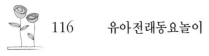

🌿✉ 활동 24 사이좋은 어깨동무

전래동요	어깨동무 씨동무
활동목표	・친구와 마을을 다니며 불렀던 노래를 즐겁게 부른다. ・장단의 변화에 맞추어 친구와 어깨동무를 하고 사이좋게 걸어 본다.
주요관련 요 인	・또래 유능성 – 사교성, 주도성 ・정서지능 – 정서인지, 정서조절
활동자료	장구, 노랫말 판

활동방법	〈도입〉
	・전래동요 '어깨동무'를 소개한다.
	 – 동무란 말은 무슨 뜻일까?
	 – 어떻게 불려진 노래일까?
	・'어깨동무 씨동무'를 소개한다.
	 – 이 노래는 옛날에 친구와 함께 어울려 어
	  깨동무를 하고 마을 이곳저곳을 돌아다니
	  며 불렀던 노래란다.
	〈전개〉
	장단에 맞추어 노래를 불러본다.
	
	 어깨동무 씨동무
	미나리 밭에 앉았다
	동무동무 씨동무
	보리가 나도록 씨동무
	・장단에 맞추어 여러 가지 방법으로 불러본다(한소리로 맞추어서, 손
	 장단으로).
	・노랫말을 바꿔서 불러본다.
	 – 어깨동무 ♡♡♡ (친구이름) 의자 위에 앉았다.
	  동무동무 ♡♡♡ (친구이름) 보리가 나도록 ♡♡♡
	・일어서서 친구와 어깨동무 하며 불러 본다.
	・어깨동무 한 상태에서 장구장단에 맞추어 걸으면서 불러 본다.

활동방법	(장단의 빠르기와 세기, 흐름에 변화를 주어 다양하게 걸어 본다) • 유아들이 걷기 동작에 익숙해지면 노래 중간에 앉는 동작을 추가로 제시한다. – 노래 중간에 멈추는 부분에서 다함께 앉았다가 노래가 다시 시작하면 일어나서 걸어 보자.     〈마무리〉 • 활동을 평가한다. – 친구와 어깨동무 하며 걸으니까 혼자 걷는 것과 다른 점이 있었니? – 장단의 변화에 맞춰 걷거나 앉았다 일어날 때, 힘든 점이 있었니? – 친구와 함께 놀이 했을 때 힘들었던 점과 즐거웠던 점을 나누어보자.

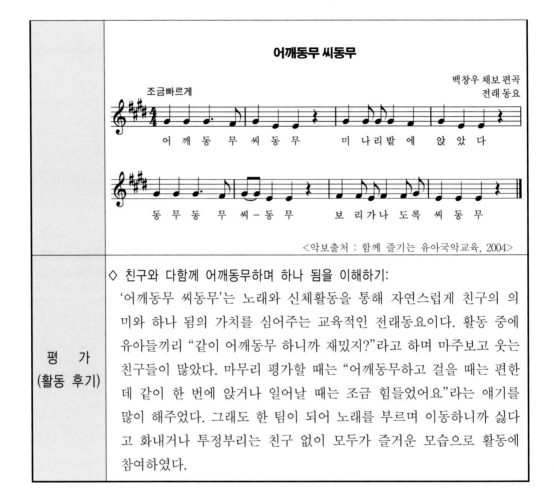

어깨동무 씨동무

백창우 채보 편곡
전래동요

조금빠르게

어 깨 동 무 씨 동 무   미 나 리밭 에   앉 았 다

동 무 동 무 씨 – 동 무   보 리 가 나 도 록 씨 동 무

<악보출처 : 함께 즐기는 유아국악교육, 2004>

평 가 (활동 후기)	◇ 친구와 다함께 어깨동무하며 하나 됨을 이해하기: '어깨동무 씨동무'는 노래와 신체활동을 통해 자연스럽게 친구의 의미와 하나 됨의 가치를 심어주는 교육적인 전래동요이다. 활동 중에 유아들끼리 "같이 어깨동무 하니까 재밌지?"라고 하며 마주보고 웃는 친구들이 많았다. 마무리 평가할 때는 "어깨동무하고 걸을 때는 편한데 같이 한 번에 앉거나 일어날 때는 조금 힘들었어요"라는 얘기를 많이 해주었다. 그래도 한 팀이 되어 노래를 부르며 이동하니까 싫다고 화내거나 투정부리는 친구 없이 모두가 즐거운 모습으로 활동에 참여하였다.

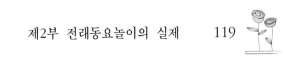

활동 25 함께 걷는 어깨동무

전래동요	어깨동무 씨동무
활동목표	· 노래를 응용한 게임에 즐겁게 참여한다. · 집단 간 협력을 통해 일체감을 갖는다.
주요관련 요 인	· 또래 유능성 – 친사회성, 주도성 · 정서지능 – 정서표현 및 적응능력, 정서인지, 정서표현
활동자료	장구, 노랫말 판, 색테이프(바닥경계선 표시), 반환점(파란기둥 2개)

활동방법	〈도입〉
	· 두 개의 그룹으로 4줄로 맞추어 앉는다.
	· 친구들과 어깨동무 하며 노래를 불러 본다.
	〈전개〉
	· 어깨동무 게임을 소개한다.
	 - 4명의 친구와 어깨동무를 하고 노래에 맞추어 반환점을 돌아오는
	  게임이야
	· 교사가 시범을 보인다.
	· 놀이할 때 유의할 점에 대해 이야기한다.
	 - 어깨동무하는 친구들끼리 어떻게 들어와야 할까?
	· 같은 방법으로 중간에 노랫말에 맞추어 앉았다 일어서며 다시 한번
	  게임을 해본다.

〈마무리〉

· 활동을 평가한다.

- 함께 어깨동무를 하면서 들어오는데 잘 되지 않은 부분들이 있었니?

- 어깨동무가 끊어지지 않게 하기 위해서 어떻게 들어와야 할까?

- 친구와 어깨동무를 하니까 어떤 느낌이 드니?

평 가 (활동 후기)	◇ 어깨동무가 떨어지지 않도록 게임하기: 노래의 친숙함 때문에 게임을 금방 익힐 수 있었다. 게임을 진행하면서 유아들이 계속 게임 규칙을 상기할 수 있도록 중간 평가들을 했으나, 먼저 들어오려고 하다 보니, 함께 들어와야 한다거나 어깨동무가 떨어지면 안 된다는 약속들이 잘 지켜지지 않았다. 이 부분에 대한 이야기를 하고 두 번째 할 때는 대체로 어깨동무가 끊어지는 일 없이 질서 있게 들어올 수 있었다. ◇ 친구와 왜 하나가 되어야 하는지 느껴 본 시간: 마지막 평가에서는 "친구랑 한 어깨동무가 끊어지지 않도록 노력하니까 정말 어깨동무를 더 잘 할 수 있었어요"라고도 얘기해주었다. 앉았다 일어나는 게 힘들었지만 끝까지 친구와 함께 들어왔다는 것에 유아들이 많은 보람을 느낄 수 있었다. 그리고 여럿이지만 어깨동무를 하듯이 하나가 되어야 무엇이든 쉽게 할 수 있다는 것도 깨달을 수 있었다.

활동 26 짝 바꾸어 타령놀이

전래동요	군밤타령
활동목표	• 자진모리장단에 맞추어 군밤타령을 즐겁게 불러 본다. • 여러 명의 친구들과 짝을 바꾸어 놀이하며 친밀감을 기른다.
주요관련 요 인	• 또래 유능성 – 사교성, 친사회성 • 정서지능 – 정서인지, 정서표현
활동자료	장구, 노랫말 판, 사진 자료, 카세트, 음악 CD
활동방법	〈도입〉 • 군밤타령을 들어 본다. • 노래의 유래를 소개한다. - 군밤타령은 가락이 멋지고 흥겨워서 우리 　나라 전통음악의 느낌을 잘 표현해 주고 　있는 곡이란다. 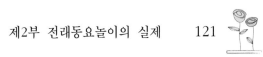 (전주: 군밤이요 에헤라 생율밤이로구나) 바람이 분다. 바람이 불어. 연평 바다에 어허–찬바람 분다. 얼싸 좋네 아 좋네 군밤이요 에헤라 생율밤이로구나 〈전개〉 • 자진모리장단에 맞추어 노래를 불러본다. • 여러 가지 방법으로 불러 본다(어깨춤, 손장단에 맞추어 부르기). • 노랫말을 바꾸어 짝과 함께하는 놀이로 불러 본다. 너는 서원, 나는 준명 서원 준명이 어허–얼싸 짝이 됐네 얼싸 좋네 아 좋네 군밤이요.

	에헤라 생율밤이로구나
활동방법	 · 노래가 반복될 때마다 자연스럽게 짝을 바꾸어가며 부른다.     〈마무리〉 · 활동을 평가한다. 　- 친구와 짝이 되어 놀이를 하다가 같은 짝을 만났을 때 기분이 어땠 　　니? 　- 친구와 짝을 바꿔가면서 해보니까 어떤 느낌이 드니? 　- 짝이란 꼭 한사람이랑만 하는 게 아니라 모두가 될 수 있구나.

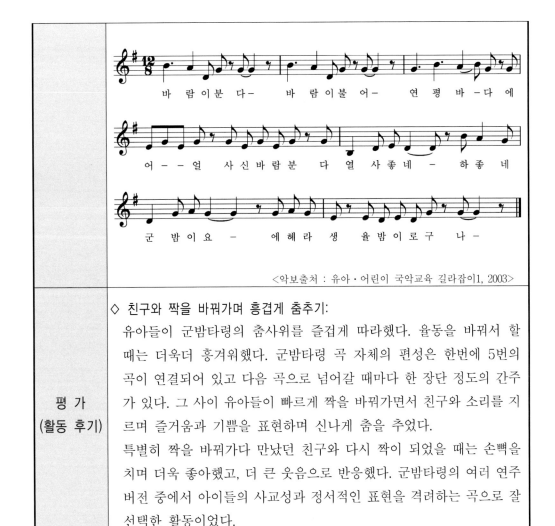

<악보출처 : 유아·어린이 국악교육 길라잡이1, 2003>

평 가 (활동 후기)	◇ 친구와 짝을 바꿔가며 흥겹게 춤추기: 유아들이 군밤타령의 춤사위를 즐겁게 따라했다. 율동을 바꿔서 할 때는 더욱더 흥겨워했다. 군밤타령 곡 자체의 편성은 한번에 5번의 곡이 연결되어 있고 다음 곡으로 넘어갈 때마다 한 장단 정도의 간주가 있다. 그 사이 유아들이 빠르게 짝을 바꿔가면서 친구와 소리를 지르며 즐거움과 기쁨을 표현하며 신나게 춤을 추었다. 특별히 짝을 바꿔가다 만났던 친구와 다시 짝이 되었을 때는 손뼉을 치며 더욱 좋아했고, 더 큰 웃음으로 반응했다. 군밤타령의 여러 연주 버전 중에서 아이들의 사교성과 정서적인 표현을 격려하는 곡으로 잘 선택한 활동이었다.

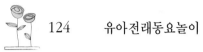

활동 27 여우야 여우야 뭐하니?

전래동요	여우야 여우야
활동목표	• 장단에 맞추어 노래를 즐겁게 부른다. • 친구와 함께하는 규칙 있는 놀이에 즐겁게 참여한다.
주요관련 요 인	• 또래 유능성 – 사교성, 주도성 • 정서지능 – 정서조절, 정서표현
활동자료	장구, 노랫말 판, 빨간 색테이프 (바닥 경계선 표시)
활동방법	〈도입〉 • 전래동요 '여우야 여우야'를 소개한다. - 친구와 묻고 답하며 부르는 노래란다. 술래 1명과 여러 친구들이 한 편이 되어 놀이를 하면서 부르는 노래란다. • 신체동작으로 표현하며 노래를 불러본다. - 밥 먹는 모습은 어떻게 표현할까? <div align="center">여우야 여우야 뭐하니 / 잠잔다 잠꾸러기 여우야 여우야 뭐하니 / 세수한다 멋쟁이 여우야 여우야 뭐하니 / 하품한다 게으름뱅이 여우야 여우야 뭐하니 / 옷입는다 예쁜이 여우야 여우야 뭐하니 / 밥먹는다 무슨반찬 개구리 반찬 / 죽었니 살았니 살았다 (죽었다)</div>

활동방법	〈전개〉 · 놀이방법을 소개한다. ① 술래인 여우를 정한 후 여우의 자리를 정한다. - 다른 유아들은 술래와 3~5m정도 떨어져서 출발선에 선다. ② 술래와 노래를 주고받으며 한발씩 술래를 향해 앞으로 이동한다. ③ 술래가 죽었다고 대답할 경우 다시 묻는다. - 그러다가 술래가 '살았다'라고 하면 유아들은 달아나고 술래는 빨리 일어나 도망가는 아이들 뒤를 쫓아가 잡는다. ④ 잡힌 유아가 술래가 되어 놀이를 진행한다. · 주의사항을 이야기한다. - 도망갈 때 서로 부딪히거나 다치지 않게 하려면 어떻게 해야 할까? · 놀이를 진행한다.      

	〈마무리〉 • 활동을 평가한다. 　- 혼자서 여우를 할 때와 둘이서 여우를 할 때 어떤 점이 달랐니? 　- 도망가거나 붙잡으러 갈 때 어떤 기분이었니? 　- 여우가 보이는 반응에 따라 행동할 때 어떻게 해야 더욱 재미있을 　　까?
평 가 (활동 후기)	◇ 도망가고 잡으면서 경험하는 정서적 즐거움과 안정: 대부분 귀에 익은 동요라 노래 부를 때도 더욱 편하고 즐겁게 부를 수 있었고, 노랫말에 따른 신체동작에서 게임으로의 전이도 쉽게 이루어졌다. 유아들 도망가고 잡으면서 정서적 안정과 즐거움을 경험하는 것을 알 수 있었다. ◇ 확장활동: 중간에 여우를 두 명으로 하자고 유아들이 적극적인 의견을 내어서 두, 세 명으로 추가해서 하기도 했다. 유아들의 평가에서 "여우가 2~3명이 있으니까 더 힘이 나고 좋았어요"라고 얘기해주었다. 또한 여우 역할을 맡은 친구가 보이는 반응에 따라 다음 친구들의 움직임이 나타나는 것을 보면서 유아들이 더욱 자신감을 갖는 모습을 볼 수 있었다. 이외에도 다음에 할 때는 "무궁화 꽃이 피었습니다" 놀이와 서로 연결해서 하면 더 재미있을 것 같다는 제안을 하기도 하였다.

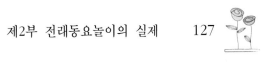

활동 28   여우야, 여우야 극놀이

전래동요	여우야, 여우야
활동목표	·극놀이 내용을 통해 친구를 수용하고 기다려주는 마음을 기른다. ·여우와 동물들의 마음을 느끼며 자신의 역할을 극놀이로 표현해 본다.
주요관련 요 인	·또래 유능성 – 사교성, 주도성 ·정서지능 – 정서수용 및 적응능력, 정서표현
활동자료	장구, 노랫말 판, 동물 머리띠
활동방법	〈도입〉 ·전래동요 '여우야 여우야'를 한 번 불러 본다. ·사전에 언어영역에서 친구들과 함께 이야기하면서 지은 동화 '여우야 여우야'를 들려준다. – 우리들이 언어영역에서 함께 만든 이야기를 선생님이 한번 들려줄게. *이야기내용 : 동물 친구들이 모두 모여서 놀기로 한날. 한참을 기다려도 여우가 나타나지 않자 쥐, 고양이, 닭, 토끼, 강아지, 돼지가 차례로 여우를 찾아가 뭐하는지 물어봅니다. 그리고 여우가 다 준비하고 나올 때까지 기다려줍니다. 마음씨 착한 동물 친구들은 비록 여우가 늦게 나왔지만, 아무런 이유도 묻지 않고 사이좋게 놀이합니다.* 〈전개〉 ·극놀이의 역할과 무대 배치를 정한다.

활동방법	– 여우네 집은 어디로 할까? 나오는 곳은 어디로 할까?
	• 주의사항을 이야기한다.
	 – 관람하는 친구들은 어떻게 관람해야 할까?
	• 극놀이를 진행한다.
	• 중간에 간단히 평가를 한 후 다음 팀이 극놀이를 진행한다.
	 – 해설 : 오늘은 동물친구들이 모두 모여 재미있게 놀이하기로 한날!
	        그런데, 오늘 따라 여우의 얼굴이 보이지 않네요.
	        궁금한 나머지 생쥐가 여우네 집에 가보았어요.
	 – 생쥐 : 찌지직 찌지직. 문을 두드리며. 여우야 여우야 뭐하니?
	 – 여우 : 잠잔다.
	 – 생쥐 : 잠꾸러기

	 – 해설 : 생쥐는 조르르 기어가며 여우가 잠이 깨서 나오길 기다렸어요. 한참을 지나도 나오지 않자 이번에는 고양이가 "야옹"하며 살금살금 기어갔습니다.
	 – 고양이 : 야옹 야옹. 똑똑똑. 여우야 여우야 뭐하니?
	 – 여우 : 하품한다.
	 – 고양이 : 게으름뱅이
	 – 해설 : 고양이는 야옹거리며 살금살금 기어가며 여우가 하품하고 나오기를 기다렸어요. 한참을 지나도 나오지 않자 이번에는 꼬꼬닭이 날개를 푸덕거리며 "꼬

| 활동방법 | *꼬꼬*"하고 나왔어요.

- 닭 : 꼬꼬꼬, 똑똑똑. 여우야 여우야 뭐하니?

- 여우 : 세수한다.

- 해설 : 닭은 날개를 푸드덕 거리며 여우가 세수하고 나오기를 기다렸어요. 한참을 지나도 나오지 않자 이번에는 토끼가 깡충깡충 거리며 뛰어나왔어요. 

- 토끼 : 깡충깡충. 똑똑똑. 여우야 여우야 뭐하니?

- 여우 : 옷 입는다.

- 토끼 : 예쁜이

- 해설 : 토끼는 깡충깡충 뛰어가며 여우가 옷 입고 나오기를 기다렸어요. 한참을 지나도 나오지 않자 이번에는 강아지가 멍멍거리고 꼬리를 흔들며 뛰어나왔어요.

- 강아지 : 멍멍. 똑똑똑. 여우야 여우야 뭐하니?

- 여우 : 밥 먹는다.

- 해설 : 그때 밥 냄새를 맡은 돼지가 "꿀꿀"거리며 뛰어왔어요. 돼지가 꿀꿀 거리며 물었어요.

- 돼지 : 꿀꿀꿀. 무슨 반찬?

- 여우 : 개구리 반찬

- 해설 : 동물친구들은 여우가 밥 먹고 나올 때까지 기다렸어요. 하지만, 아무리 기다려도 나오지 않자 갑자기 여우가 죽었는지 살았는지 걱정이 되기 시작했어요. 그래서 모두 함께 외쳤지요.

- 모두 : 죽었니?, 살았니?

- 여우 : 살았다!

여우가 살아서 뛰어나오자 동물친구들은 깜짝 놀라 뒤로 나뒹굴어졌습니다. 하지만, 곧 여우의 손을 잡고 모두 함께 즐겁게 놀았답니다. |

활동방법	  〈마무리〉 •활동을 평가한다. - 직접 여우나 동물 친구들이 되어보니까 동물 친구들의 마음이 느껴 　지니? - 동물친구들의 놀이를 통해서 너희들이 느낀 것이 있니? - 함께 노는 친구가 늦게 해서 너희들이 놀지 못할 때 어떻게 하겠 　니? 
평　가 (활동 후기)	◇　'여우야 여우야'를 새롭게 조명하여 동화로 구성하기: 　'여우야 여우야'는 친구들이 자신들을 먹잇감으로 유인하는 여우에게 잡혀 먹히지 않으려고 도망치는 것을 설정하여 응용한 놀이이다. 재 미있는 놀이지만, 유아들에게 게임 속 여우의 이미지가 좋지 않다는 것을 확인할 수 있었다. 함께 언어영역에서 동화를 계획할 때는 게임 의 내용을 그대로 살리되 긍정적인 방향으로 해석하고, 여우도 모두 함께 어울리며 놀 수 있는 친구로서의 이미지를 그려보았다. 그래서 유아들의 생각을 모아서 동화로 만들어 보았다. 　여우의 어떠한 모습도 끝까지 참고 기다려주고 친구로서 같이 가고자 하는 마음을 엿볼 수 있는 내용이다. 실제로 동극을 해보면서도 친구

에 대해 좋은 친구, 나쁜 친구 가리지 않고 모두가 더불어 놀아야 사이좋은 친구가 될 수 있다는 인식도 기를 수 있었다.

◇ **동극을 통하여 친구를 이해할 수 있었던 시간:**

유아들이 직접 지은 동화로 표현한 동극은 내용이 단순하며 반복적인데다 극적인 효과도 있기 때문에 유아들이 무척 재미있고 흥미롭게 참여했다. 동물 친구들을 흉내 내며 각 상황마다 당시의 감정을 상상하며 느낀 그대로 잘 표현해 주었다. 평가에서는 유아들이 "진짜 배우가 된 것 같았어요", "우리가 다녀 온 뮤지컬을 보는 것 같았어요"라고 했다. "여우가 늦게 일어난 것 때문에 친구들이 기다렸듯이, 너희들이 친구를 기다리는 상황이라면 어떨 것 같니?"하고 물어보았다. 대부분의 유아들이 비슷한 경험을 이야기하면서 친구니까 끝까지 기다려주겠다고 이야기했다. 유아들에게 더디 가도 함께 할 때 모두가 재미있고 행복하다는 것을 알 수 있었던 시간이었다.

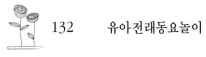 **활동 29 친구야, 자장자장**

전래동요	자장가
활동목표	·자장가를 부르며 조용히 휴식을 취한다. ·서로 재워주며 친구에 대한 수용감과 친밀감을 갖는다.
주요관련 요 인	·또래 유능성 – 사교성 ·정서지능 – 정서인지, 정서표현
활동자료	장구, 노랫말 판, 사진 자료, 음악 CD, 카세트

활동방법	〈도입〉
	·우리의 전래동요 '자장가'를 소개한다.
	 - 이 자장가는 옛날부터 자장가로 가장 많이
	   불려지는 노래란다.
	〈전개〉
	·노랫말을 소개하고 여러 가지 방법으로 노래
	  를 불러본다.
	 - 아빠, 엄마, 할머니, 할아버지 목소리로 불
	   러본다.
	 - 작은 목소리로 속삭이듯이 불러 본다.
	 - 팔을 아기삼아 쓰다듬으며 불러 본다.
	
	자장자장 우리아기 우리아기 잘도 잔다
	꼬꼬닭아 우지마라 우리아기 잠을 깰라
	멍멍개야 짖지마라 우리아기 잠을 깰라
	자장자장 우리아기 우리아기 잘도 잔다

| 활동방법 | ·아이를 재울 때 어떻게 재우는지 이야기를 해본다.
 - 쓰다듬어 줘요. 토닥여줘요. 엎어줘요. 땀도 닦아줘요.
·짝을 정해서 한명은 엄마(아빠) 역할, 한명은 아이 역할로 나눈다.
·아이 역할은 엄마(아빠)품에 안겨 눕고, 엄마(아빠)는 노래를 부르며 아이를 토닥여준다.
·노래가 끝나면 역할을 바꾸어서 해본다.

  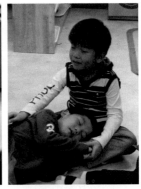

〈마무리〉
·활동을 평가한다.
 - 아기가 되어 친구 품에 안겼을 때 어떤 마음이 들었니?
 - 친구를 엄마처럼 안아주고 재워주었을 때, 어떤 마음이 들었니?
 - 친구에게는 엄마에게서 느끼는 편안함이 있구나. |

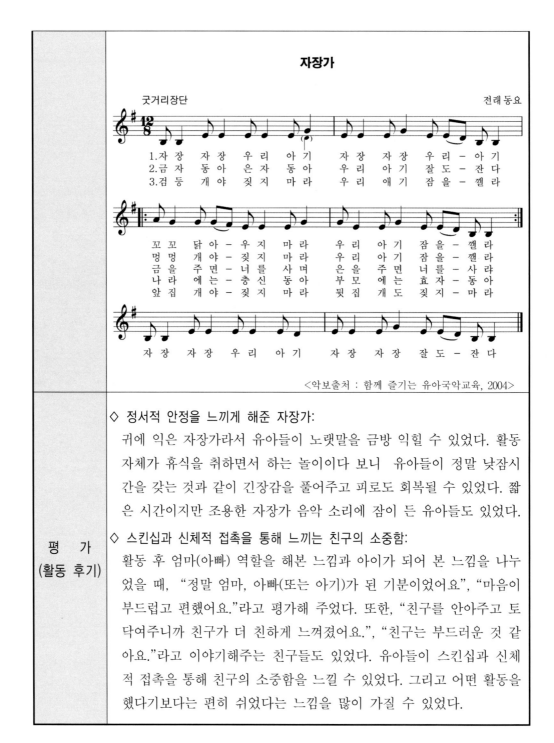

<악보출처 : 함께 즐기는 유아국악교육, 2004>

| 평 가
(활동 후기) | ◇ 정서적 안정을 느끼게 해준 자장가:
귀에 익은 자장가라서 유아들이 노랫말을 금방 익힐 수 있었다. 활동 자체가 휴식을 취하면서 하는 놀이이다 보니 유아들이 정말 낮잠시간을 갖는 것과 같이 긴장감을 풀어주고 피로도 회복될 수 있었다. 짧은 시간이지만 조용한 자장가 음악 소리에 잠이 든 유아들도 있었다.

◇ 스킨십과 신체적 접촉을 통해 느끼는 친구의 소중함:
활동 후 엄마(아빠) 역할을 해본 느낌과 아이가 되어 본 느낌을 나누었을 때, "정말 엄마, 아빠(또는 아기)가 된 기분이었어요", "마음이 부드럽고 편했어요."라고 평가해 주었다. 또한, "친구를 안아주고 토닥여주니까 친구가 더 친하게 느껴졌어요.", "친구는 부드러운 것 같아요."라고 이야기해주는 친구들도 있었다. 유아들이 스킨십과 신체적 접촉을 통해 친구의 소중함을 느낄 수 있었다. 그리고 어떤 활동을 했다기보다는 편히 쉬었다는 느낌을 많이 가질 수 있었다. |

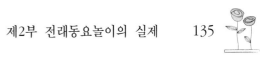

활동 30 요람에서 자장자장

전래동요	자장가
활동목표	· 자장가를 부르며 조용히 휴식을 취한다. · 따뜻한 접촉과 움직임을 통해 정서적 안정감과 친밀감을 느낀다.
주요관련 요 인	· 또래 유능성 – 친사회성, 주도성 · 정서지능 – 정서인지, 정서표현
활동자료	장구, 노랫말 판, 사진 자료, 카세트, 이불
활동방법	〈도입〉 · 친구를 안고 토닥이며 자장가를 불러본다. · 엄마나 아빠가 재워줬을 때를 회상해본다. – 엄마아빠가 재워줄 때 기분이 어떠니? – 어떤 방법으로 재워줄 때가 가장 편하고 행복했니? 〈전개〉 · 이불로 요람을 만드는 방법을 생각해본다. – 친구들이 이불을 잡아주면 돼요. – 그 속에 친구가 눕고 다른 친구들이 이불을 천천히 흔들어 주면 돼요. · 7명이 한 모둠이 되어 순서대로 한명씩 교대해가며 재워준다. · 이불을 끌어주며 재우는 방법을 알아본다. – 한 친구가 이불 위에 누우면 두 친구가 전래동요에 맞추어 이불을 끌어줘요. · 4명이 한 모둠이 되어 교대해가며 이불을 끌어준다.

활동방법	   〈마무리〉 ·활동을 평가한다. - 이불 요람에서 자니까 어떤 느낌이었니? - 이불 요람에 누운 친구와 눈이 마주쳤을 때 기분이 어땠니? - 친구들과 함께 이불 요람을 흔들어주고 끌어줄 때 힘들이지 않고 할 수 있는 방법이 있었니?
평　　가 (활동 후기)	◇ 자장가의 확장: 유아들이 서로를 재워주는 자장가 이후, 다르게 할 수 있는 방법을 생각해 보는 시간을 가졌다. 그 때 아이들이 이불에 누워서 흔들어 보자는 의견을 냈다. 그리고 이불에 누워서 끌어보는 것까지 확장해 볼 수 있었다. ◇ 친구가 누운 이불 끌어주기: 유아들이 이불에 누워 흔들리는 느낌과 이불 위에서 끌리는 느낌에 많이 흐뭇해했다. 그리고 조용히 눈을 감고 그 느낌이 주는 편안함을 즐기기도 했다. "정말 요람에 있는 것 같았어요"라는 얘기와 "내가 엄마(혹은 아기)가 된 기분이었어요", "자고 싶었어요"라고 이야기해주는 친구들도 많이 있었다. 친구들의 도움에 의해서 이런 포근함과 편안함을 느낄 수 있었던 것 같다. 친구를 끌 때는 힘이 좀 들었다는 친구들의 이야기도 있었다. ◇ 이불요람 흔들어주기: 이불 요람을 만들 때는 예상 외로 많은 힘이 들어가서 바닥에 살짝 끌리도록 하면서 흔들어 주도록 하니까 유아들이 더욱 쉽게 할 수 있

었다. 요람을 흔드는 친구들과 누워있는 친구 간에 자연스럽게 아이 컨텍이 이루어졌고 "기분 좋지?"하며 유아가 움직임을 더 많이 느낄 수 있도록 즐겁게 요람을 흔들어 주었다.

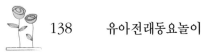

활동 31 고무줄놀이

전래동요	깍둑깍둑 깍두기
활동목표	• 노래에 맞추어 고무줄놀이에 즐겁게 참여한다. • 놀이 방법과 친구의 움직임에 맞추어 고무줄놀이를 한다.
주요관련 요 인	• 또래 유능성 – 친사회성 • 정서지능 – 정서조절, 정서표현
활동자료	고무줄, 노래 CD, 카세트, 노랫말 판
활동방법	〈도입〉 • 고무줄놀이를 해 본 경험에 대해 이야기 나눈다. - 고무줄놀이를 해 본 적이 있니? - 어떤 노래를 부르면서 놀이를 했니? • 고무줄 노래를 감상한다. • 노래에 대하여 이야기 나눈다. - 무엇에 대한 노래니? - 왜 '고무줄놀이'라는 제목을 붙였을까? 깍둑깍둑 깍두기 깍둑깍둑 깍두기 달콤새콤 깍두기 담아 내면 보기 좋고 먹고 나면 맛이 좋다 사또상에 깍두기 어느 누가 담았는가 어머님이 담았는가 며늘 애기 담았는가 〈전개〉 • 노랫말을 알아본다. - 이 노랫말은 무슨 뜻일까? - 또 어떤 말이 궁금하니? • 노랫말이 있는 부분을 이용하여 함께 노래를 불러본다. • 고무줄 놀이방법에 대해 이야기 나눈다. - 어떻게 고무줄을 넘을 수 있을까?

활동방법	- 고무줄을 두 발로 번갈아 차다가 넘기 4번, 두 발로 고무줄을 밟은
	      다음 넘기 4번…
	· 각 동작을 연결하여 음악에 맞추어 해본다.
	    - 친구의 발동작에 맞추어 노래를 불러주자.
	· 다른 고무줄놀이로 심화시켜 본다.
	    - 두 줄 고무줄로 넘어보자.
	    - 높이를 다르게 해보자.
	    - 여러 명의 친구가 함께 해보자.

	〈마무리〉
	· 고무줄놀이 후에 활동을 평가한다.
	    - 놀이를 해 보니 어땠니?
	    - 친구들이 줄을 잡아 주니까 어떠니?
	    - 친구의 발동작에 맞추어 노래를 불러주는 것은 어땠니?
	    - 여러 명의 친구가 함께 하니까 혼자 할 때와 어떻게 달랐니?

평 가 (활동 후기)	◇ 유아들이 호흡을 맞추고 협력해 갔던 과정: 유아들이 처음 하는 고무줄놀이여서 처음에는 단위 동작으로 하나씩 해보다가 연결 동작으로 했다. 그렇게 혼자 할 때는 정한 패턴대로 어렵지 않게 고무줄놀이를 하였다. 그러다 여러 명이 함께 할 때는 유아들이 서로 발을 맞추거나 박자를 맞추는데 시간이 많이 필요했다. 줄을 잡고 불러주는 친구들도 여러 명이 함께 할 때는 처음에는 기다려주어야 했다. 그러다 유아들이 조금씩 호흡을 맞추어가면서 줄을 잡고 있는 친구들도 함께 호흡을 맞추어 노래를 부를 수 있었다. 빠르기를 너무 빠르거나 느리게 잡지 않고 중간 정도의 빠르기로 맞추어서 불러주면 유아들 간 호흡의 일치와 협력이 더 잘 이루어질 수 있는 것을 볼 수 있었다.

<활동 자료출처 : 서울특별시교육청, 2008>

활동 32 줄넘기놀이(1)

전래동요	꼬마야 꼬마야
활동목표	• 친구와 함께 노래에 맞추어 줄넘기 놀이에 즐겁게 참여한다. • 집단 간 협력하며 여러 가지 방법으로 줄넘기를 익혀본다.
주요관련 요 인	• 또래 유능성 – 친사회성 • 정서지능 – 정서조절, 정서표현
활동자료	줄넘기용 새끼줄, 노랫말 판
활동방법	〈도입〉 • 줄넘기의 유래를 설명한다. – 새끼의 특성상 어디에서나 쉽게 구할 수 있고 줄이 약간 무거워 돌 리면 잘 돌아가기 때문에 줄넘기가 시작되고 계속 이어져 왔을 것 으로 전해지고 있다. 짧은 줄넘기도 있지만 여자아이들은 주로 긴 줄을 이용해 노래에 맞춰 줄을 넘었다. 꼬마야 꼬마야 뒤를 돌아라 돌아서 돌아서 만세를 불러라 짚어서 짚어서 잘 가거라. 〈전개〉 • 전래동요 '꼬마야 꼬마야'를 소개한다. • 장단에 맞추어서 다함께 불러 본다. • 노랫말을 바꾸어서도 불러 본다.

활동방법	 (○○야 ○○야, ◇◇야 ◇◇야, 한발을 들어라. 손뼉을 쳐라...) · 두 명의 유아가 짝이 되어서 표현해 본다. · 반 집단씩 노랫말을 신체로 표현해 본다. · 반 집단씩 줄을 넘으며 신체로 표현해 본다(앉아 있는 유아들은 장단에 맞추어 노래를 불러 준다). · 다양한 방법으로 줄을 넘으며 표현해 본다(친구와 한 손을 잡고, 바뀐 노랫말을 넣어서). · 다음 활동을 소개한다. - 오늘은 간단하게 줄넘기는 것까지만 해봤는데 다음에는 여러 명이 직접 줄을 돌리면서 해보자.   〈마무리〉 · 활동을 평가한다. - 이렇게 꼬마야, 꼬마야 이름을 부르면서 하니까 어떤 기분이 드니? - 친구와 손을 잡고 하니까 어떤 느낌이 드니? - 꼬마가 된 친구들, 노래를 불러준 친구들은 기분이 어땠니?

꼬마야 꼬마야

전래동요

꼬마야 꼬마야 뒤로돌아라 꼬마야 꼬마야 한발을들어라

꼬마야 꼬마야 땅을짚어라 꼬마야 꼬마야 손뼉을쳐라

꼬마야 꼬마야 만세를불러라 꼬마야 꼬마야 잘 - 가거라

<악보출처 : 유아교육 커뮤니티 키드키즈, www.kidikids.net.>

| 평   가
(활동 후기) | ◇ 함께 넘으면 즐거운 줄넘기:
평소에는 혼자서 줄넘기를 하다가 이번에는 유아들에게 혼자서 줄넘기를 할 때와 함께 할 때의 차이점들을 물어보았다. 혼자 할 때는 심심했는데 같이 하니까 더 웃음도 많이 나오고 재미있었다고 이야기해주었다.

◇ 힘을 모으고 합치며 협력하는 줄넘기:
처음 익히는 단계라 단순히 줄을 넘어오고 넘어가는 정도로만 했는데 유아들이 맞추어서 하는 것을 많이 힘들어했다. 힘을 합쳐서 하는 것이 힘들지만 그만큼 소중하다는 것을 느낄 수 있었다. 다음에는 직접 줄을 넘기면서 할 예정인데, 미리 유아들이 연습을 많이 할 수 있도록 자유선택활동 시간이나 바깥놀이 시간에 연습할 수 있는 기회를 많이 주어야 하겠다. |

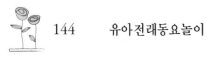

✉ 활동 33 줄넘기놀이(2)

전래동요	꼬마야 꼬마야
활동목표	· 친구와 함께 노래에 맞추어 줄넘기 놀이에 즐겁게 참여한다. · 집단 간 협력하며 여러 가지 방법으로 줄넘기를 익혀본다.
주요관련 요 인	· 또래 유능성 – 친사회성 · 정서지능 – 정서조절, 정서표현
활동자료	줄넘기용 새끼줄, 노랫말 판
활동방법	〈도입〉 · 꼬마야, 꼬마야 노래를 부르며 다함께 모인다. · 지난번 배웠던 것들을 회상해본다. - 노래를 부르며 우리가 어떤 동작을 했었니? · 회상한 동작들을 노래에 맞추어 해본다. 〈전개〉 · 오늘 줄넘기 할 방법들을 소개한다. - 같은 방법인데 줄을 넘기면서 해보자. - 양쪽에서 친구들이 줄을 돌리면 안에 있는 친구들이 줄을 넘는다. 　한명의 친구에서부터 2명, 4명, 8명씩 점차 늘려가면서 해본다. 연 　습으로 뛰어 본 후 두 번째부터는 노랫말에 맞추어 해본다. · 유의할 점들에 대해 이야기를 나눈다. - 돌리는 친구들은 어떤 것을 유의해야 할까? - 안에서 뛰어넘는 친구들은 어떻게 뛰어야 할까? · 줄 돌리는 친구와 순서를 정한다.

활동방법	    〈마무리〉 •유아들의 활동을 평가한다. 　- 하면서 어려운 점이 있었니? 　- 어떻게 하면 줄에 걸리지 않고 할 수 있을까? 　- 모두 다 같이 넘을 수 있을까? 　- 친구와 함께 넘을 때와 혼자 넘을 때 어떤 점이 다르니?
평　가 (활동 후기)	◇ 일상생활에도 적용해 보는 협동과 하나 됨: 　유아들이 혼자 할 때는 심심했는데, 같이 하니까 훨씬 재미있다는 이야기를 많이 해주었다. 　반면 혼자 할 때는 별로 안 틀리는데 같이 하니까 자꾸 걸린다는 얘기도 해주었다. 그러면서 자연스럽게 여럿이 할수록 힘을 하나로 모아야 할 필요성에 대해서도 이야기 나눌 수 있었다. 또한, 여럿이 할수록 힘을 모으는 건 힘들지만, 그만큼 더 재미있고 보람된 일도 찾아볼 수 있었다. 유아들이 함께 놀이하는 거나 함께 정리하는 것들을 이야기해주면서, 협동과 하나 됨의 필요를 많이 느낄 수 있었던 시간이었다.

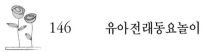

활동 34 손치기 하세

전래동요	손치기 하세
활동목표	· 친구와 신체 접촉을 통하여 친밀감을 기른다. · 자신의 감정을 적절히 표현하며 전래동요 놀이에 참여한다.
주요관련 요 인	· 또래 유능성 - 사교성 · 정서지능 - 정서조절, 정서표현
활동자료	노랫말 판
활동방법	〈도입〉 · 손을 탐색해 본다. 　- 손을 자세히 관찰해 보자. 손에는 뭐가 있니? 　- 이 손으로 또 무엇을 할 수 있을까? 　- 친구를 도와줘요. 손뼉을 쳐요. 〈전개〉 · '손치기 하세' 동요를 소개한다. · 노래를 소개한다. 　- 이 손으로 할 수 있는 놀이를 노래로 만들었단다. 손치기 하세~ 손치기 하세~ 손치기 손치기 손으로 친다고 손치기 발치기 하세~ 발치기 하세~ 발치기 발치기 발로 친다고 발치기 · 노래를 듣고 불러 본다. · 손바닥을 치면서 불러 본다. · 자유대형으로 두 사람씩 짝을 지어 마주앉아 불러본다(내 손뼉을 치고 난 후 상대방의 손뼉치기를 여러 가지 방법으로 쳐본다). · '발치기'로 응용해서 해본다(두 발로 바닥을 차고 상대방의 오른발치기, 두 발로 바닥을 차고 상대방의 왼발치기를 반복한다). · 우리 몸의 다른 부위도 응용해서 쳐본다(팔, 어깨, 등, 엉덩이 등).

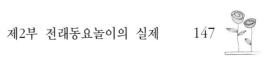

활동방법

〈마무리〉

· 활동을 평가한다.

 - 노래를 함께 부르면서 어떤 느낌이 들었니?

 - 친구와 손이나 발, 어깨, 등, 엉덩이 등을 부딪치면서 노래하니까 어떤 느낌이 들었니?

손치기 하세

조윤미 발췌
진현정 채보

휘모리장단

<악보출처 : 함께 즐기는 유아국악교육, 2004>

평 가 (활동 후기)	◇ 다양한 접촉과 상호작용을 통한 친밀감 기르기: 손치기 하세 동작을 발치기, 어깨치기, 등치기 등 다양한 동작으로 연결하면서 유아들의 흥미를 이끌어 낼 수 있는 시간이었다. 유아들이 어깨나 등을 칠 때 설레이면서도 좋아하는 반응들을 많이 나타내어 주었다. 친구들과 다양한 접촉과 상호작용이 이루어질 수 있었던 시간이 되었다.

<활동 자료출처 : 함께 즐기는 유아국악교육, 2004>

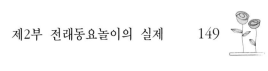

활동 35 콩 받아라

전래동요	콩 받아라
활동목표	· 전래동요를 감상하고 놀이를 하며 친구들과 친숙해진다. · 자신의 감정을 적절히 조절하며 즐겁게 전래동요놀이에 참여한다.
주요관련 요　인	· 또래 유능성 - 사교성, 친사회성 · 정서지능 - 정서조절, 정서표현
활동자료	CD 자료, 콩, 팥
활동방법	〈도입〉 · '콩'과 '팥'을 제시하며 이야기 나눈다. 　- 이것의 이름은 무엇일까? 　- 이것으로 놀이를 한다면 어떤 활동을 할 수 있을까? 〈전개〉 · 전래동요를 감상하고 난 후 이야기 나눈다. 　- 무슨 놀이를 할 수 있을 것 같니? 　　　　콩 받아라 팥 받아라 콩 받아라 팥 받아라 · 함께 노래를 불러 본다. · '콩 받아라'에 대한 느낌을 이야기해 본다. 　- 노래가 계속 반복되는데 어떤 놀이를 하면 재미있을까? · 놀이방법을 알아본다. 　- 세 명의 유아가 한조가 된다. 두 명의 유아가 서로 짝이 되어 술래가 안 보이게 콩을 위에서 아래로 숨기면서 전달한다. 이 때 상대편 유아는 받아도 안 받은 척 할 수 있다. 술래는 콩이 있는지 없는지 알아맞춘다. · 다른 놀이 방법을 생각해보고 활동해 본다(손을 깍지 껴서 잡은 후 검지손가락을 펴서 정해진 시간 안에 콩을 깍지 낀 손 사이에 더 많이 넣은 친구가 이긴다).

〈마무리〉

• 활동을 평가한다.

 - 친구와 함께 콩 받기 놀이를 하고 난 기분이 어떠니?

 - 셋이서 함께 모여 서로 역할을 번갈아가면서 하니까 어땠니?

콩받아라

전래동요

콩 받아 라 팥 - 받아 라 콩 받아 라 팥 - 받아 라

〈악보출처 : 함께 즐기는 유아국악교육, 2004〉

| 평 가
(활동 후기) | ◇ 유의점:
이 게임은 사전에 콩을 안전하게 사용할 수 있도록 주의가 요구된다. 특히 콩을 코나 귀 속에 넣지 않도록 유의해야 한다.

◇ 통을 이용한 친구들과의 소통과 상호작용:
콩이라고 하는 작은 곡물을 이용해 유아들이 재미있는 게임을 할 수 있었다. 나중에 콩이 있는지 없는지 알아맞추는 부분에서 유아들의 호기심이 많이 높아졌다. 또 손을 모은 상태에서 검지손가락을 펴서 콩을 담아보았는데, 유아들이 옹기종기 모여 담으면서 서로 재미있는 이야기도 나누고 같이 숫자도 세어보며 넣어보는 등 다양한 상호작용이 일어나는 것을 볼 수 있었다. |

<활동 자료출처 : 서울특별시교육청, 2008>

부록

"우정과 감성이 자라는 전래동요놀이" 프로그램의 효과를 이 부록에서
다루고 있습니다.

1. 연구결과 및 해석

본 연구의 목적인 전래동요를 활용한 신체활동이 유아의 또래 유능성과 정서지능에 미치는 영향을 알아보기 위하여 자료를 분석한 결과 및 해석은 다음과 같다.

1) 전래동요를 활용한 신체활동이 유아의 또래 유능성에 미치는 영향

(1) 전체 또래 유능성에 대한 분석

전래동요를 활용한 신체활동을 실시하기 전과 후의 실험집단과 비교집단의 또래 유능성을 비교한 결과는 다음 표 1-1과 같다.

<표 1-1> 전체 또래 유능성에 대한 집단 간 비교

또래 유능성	집단	N	사전검사		사후검사		t
			M	SD	M	SD	
전체 점수	실험	30	46.57	10.70	54.73	9.48	-10.02***
	비교	30	48.63	11.54	51.50	11.97	-2.59*

*p <.05, ***p <.001

표 1-1에 제시한 바와 같이 실험처치 전에 실시한 또래 유능성 척도 사전 검사 결과, 실험집단(M=46.57, SD=10.70)과 비교집단(M=48.63,

SD=11.54)간 점수에서 유의한 차이가 나타나지 않았기 때문에 두 집단
이 동일한 수준임을 알 수 있다(t=-.719, p >.05).

　본 연구의 실험처치 후에 그 효과를 비교 분석한 결과에서는 실험집단
(t=-10.02, p <.001)과 비교집단(t=-2.59, p <.05) 모두 유의한 사전 - 사
후검사 점수 차이가 나타났다. 실험집단과 비교집단 모두 전체 또래 유능
성 점수가 유의하게 향상된 것으로 나타났으나, 사전검사에 비해 사후검
사 점수가 실험집단은 8.16점 증가한 반면, 비교집단은 2.87점 증가하여
실험집단의 점수의 증가량이 더 큰 것으로 나타났다. 이러한 결과는 전래
동요를 활용한 신체활동이 유아의 전체 또래 유능성 향상에 효과적임을
시사한다고 할 수 있다.

　이 결과를 그래프로 나타낸 것이 그림 1-1과 같다.

[그림 1-1] 전체 또래 유능성에 대한 집단 간 비교

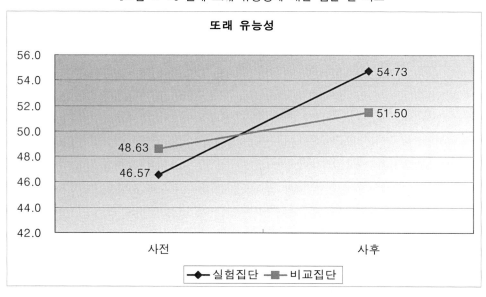

(2) 또래 유능성 하위 영역별 분석

또래 유능성은 사교성, 친사회성, 주도성의 3가지 영역으로 구성되어 있다. 실험처치 후 실험집단과 비교집단의 또래 유능성을 각 하위 영역별로 비교한 결과는 다음과 같다.

① 사교성
‘사교성’ 영역에서 집단 간 사전 – 사후 검사결과는 다음 표 1-2와 같다.

<표 1-2> ‘사교성’에 대한 집단 간 비교

또래 유능성 하위 영역	집단	N	사전검사		사후검사		t
			M	SD	M	SD	
사교성	실험	30	15.33	4.01	18.47	3.57	-7.19***
	비교	30	16.37	4.25	17.43	4.34	-2.66*

*p <.05, ***p <.001

표 1-2에 제시한 바와 같이 ‘사교성’에 대한 사전검사 결과, 실험집단 (M=15.33, SD=4.01)과 비교집단(M=16.37, SD=4.25)간 점수에서 유의한 차이가 나타나지 않았기 때문에 두 집단이 동일한 수준임을 알 수 있다(t=-.719, p >.05).

‘사교성’에 대한 사후검사 차이 검증 결과 실험집단(t=-7.19, p <.001)과 비교집단(t=-2.66, p <.05) 모두 유의한 사전-사후검사 점수 차이가 나타났다. 실험집단과 비교집단 모두 ‘사교성’ 점수가 유의하게 향상된 것으로 나타났으나, 사전검사에 비해 사후검사 점수가 실험집단은 3.14점 증가한 반면, 비교집단은 1.07점 증가하여 실험집단의 점수의 증가량이 더 큰 것으로 나타났다. 이러한 결과는 전래동요를 활용한 신체활동이 유아의 사교성 향상에 효과적임을 시사한다고 할 수 있다.

이결과를 그래프로 나타낸 것이 다음 그림 1-2와 같다.

[그림 1-2] '사교성'에 대한 집단 간 비교

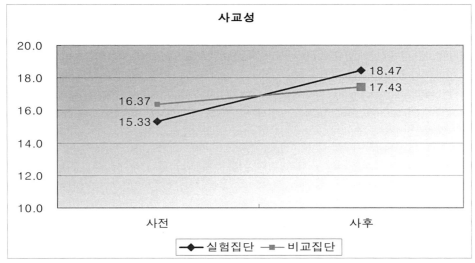

② 친사회성

'친사회성' 영역에서 집단 간 사전 – 사후 검사결과는 다음 표 10과 같다.

<표 1-3> '친사회성'에 대한 집단 간 비교

또래 유능성 하위 영역	집단	N	사전검사		사후검사		t
			M	SD	M	SD	
친사회성	실험	30	15.47	3.97	17.70	3.62	-5.09***
	비교	30	16.93	3.43	17.93	4.16	-2.43*

*p <.05, ***p <.001

표 1-3에 제시한 바와 같이 '친사회성'에 대한 사전검사 결과, 실험집단(M=15.47, SD=3.97)과 비교집단(M=16.93, SD=3.43)간 점수에서 유

의한 차이가 나타나지 않았기 때문에 두 집단이 동일한 수준임을 알 수 있다(t=-1.530, p >.05).

'친사회성'에 대한 사후검사 차이 검증 결과 실험집단(t=-7.19, p <.001)과 비교집단(t=-2.66, p <.05) 모두 유의한 사전 – 사후검사 점수 차이가 나타났다. 실험집단과 비교집단 모두 '친사회성' 점수가 유의하게 향상된 것으로 나타났으나, 사전검사에 비해 사후검사 점수가 실험집단은 2.27점 증가한 반면, 비교집단은 1.00점 증가하여 실험집단의 점수의 증가량이 더 큰 것으로 나타났다. 이러한 결과는 전래동요를 활용한 신체활동이 유아의 친사회성 향상에 효과적임을 시사한다고 할 수 있다.

이 결과를 그래프로 나타낸 것이 다음 그림 1-3과 같다.

[그림 1-3] '친사회성'에 대한 집단 간 비교

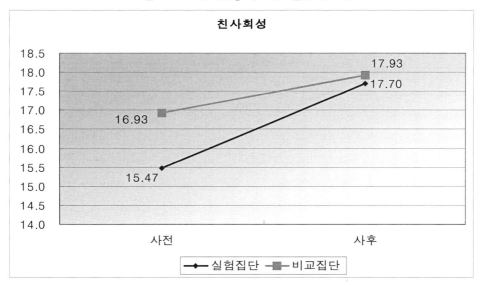

③ 주도성

'주도성' 영역에서 집단 간 사전 – 사후 검사결과는 다음 표 1-4와 같다.

<표 1-4> '주도성'에 대한 집단 간 비교

또래 유능성 하위 영역	집단	N	사전검사		사후검사		t
			M	SD	M	SD	
주도성	실험	30	15.77	4.99	18.57	4.60	-6.91***
	비교	30	15.33	5.74	16.13	4.70	-1.47

***p <.001

표 1-4에 제시한 바와 같이 '주도성'에 대한 사전검사 결과, 실험집단 (M=15.77, SD=4.99)과 비교집단(M=15.33, SD=5.74)간 점수에서 유의한 차이가 나타나지 않았기 때문에 두 집단이 동일한 수준임을 알 수 있다(t=-.477, p >.05).

'주도성'에 대한 사후검사 차이 검증 결과 실험집단에서만 유의한 사전－사후검사 점수 차이가 나타났다(t=-6.91, p <.001). 사전검사에 비해 사후검사 점수가 실험집단은 3.14점 증가한 반면, 비교집단은 사전－사후검사 점수에서 유의한 차이가 나타나지 않았다. 이러한 결과는 전래동요를 활용한 신체활동이 유아의 주도성 향상에 효과적임을 시사한다고 할 수 있다.

이 결과를 그래프로 나타낸 것이 다음 그림 1-4와 같다.

[그림 1-4] '주도성'에 대한 집단 간 비교

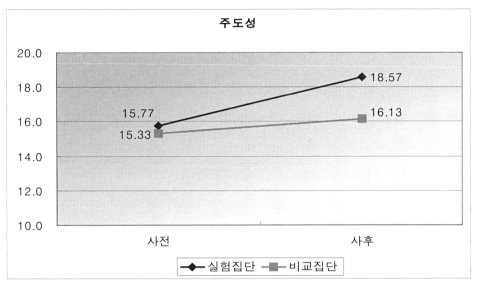

위와 같은 결과를 종합해 보면, 실험집단의 경우 사교성(t=-7.19, p<. 001), 친사회성(t=-7.19, p<.001), 주도성(t=-6.91, p<.001) 및 전체 점수(t=-10.02, p<.001) 모두에서 유의한 사전 – 사후검사 점수 차이가 나타났다. 반면에 비교집단은 사교성(t=-2.66, p<.05), 친사회성(t=-2.6 6, p<.05) 및 전체점수(t=-2.59, p<.05)에서만 유의한 사전-사후검사 점수 차이가 나타났고, 주도성의 사전-사후검사에서는 유의한 차이가 나 타나지 않았다.

점수의 증가량에서 실험집단이 사교성 3.14점, 친사회성 2.27점, 주도 성 3.14점, 전체 또래 유능성 8.16점으로 유의한 차이를 나타냈고, 비교 집단은 사교성 1.07점, 친사회성 1.00점, 전체 또래 유능성 2.87점으로 사교성, 친사회성, 전체 또래 유능성에서 유의한 차이를 보였으나, 실험 집단에 비해 점수의 증가량이 적게 나타났다.

유아에게 전래동요를 활용한 신체활동을 적용한 결과 또래 유능성의 전체 및 모든 하위 영역에서 실험집단이 비교집단에 비해 통계적으로 사 전 – 사후 점수 차가 유의하게 높게 나타났다. 이러한 결과는 전래동요를

활용한 신체활동이 유아의 전체 또래 유능성 향상에 효과적임을 시사한
다고 할 수 있다.

2) 전래동요를 활용한 신체활동이 유아의 정서지능에 미치는 영향

(1) 전체 정서지능에 대한 분석

전래동요를 활용한 신체활동을 실시하기 전과 후의 실험집단과 비교집
단의 정서지능을 비교한 결과는 다음 표 1-5와 같다.

<표 1-5> 전체 정서지능에 대한 집단 간 비교

정서지능	집단	N	사전검사		사후검사		t
			M	SD	M	SD	
전체 점수	실험	30	67.27	8.09	74.87	7.73	-8.58***
	비교	30	66.47	9.84	68.97	9.14	-3.50**

**p<.01, ***p<.001

표 1-5에 제시한 바와 같이 실험처치 전에 실시한 또래 유능성 척도
사전 검사 결과, 실험집단(M=67.27, SD=8.09)과 비교집단(M=66.47, S
D=9.84)간 점수에서 유의한 차이가 나타나지 않았기 때문에 두 집단이
동일한 수준임을 알 수 있다(t=-.34, p>.05).

본 연구의 실험처치 후에 그 효과를 비교 분석한 결과에서는 실험집단
(t=-8.58, p<.001)과 비교집단(t=-3.50, p<.01) 모두 유의한 사전－사
후검사 점수 차이가 나타났다. 실험집단과 비교집단 모두 전체 정서지능
점수가 유의하게 향상된 것으로 나타났으나, 사전검사에 비해 사후검사
점수가 실험집단은 7.60점 증가한 반면, 비교집단은 2.50점 증가하여 실
험집단의 점수의 증가량이 더 큰 것으로 나타났다. 이러한 결과는 전래동
요를 활용한 신체활동이 유아의 전체 정서지능 향상에 효과적임을 시사

한다고 할 수 있다.

이 결과를 그래프로 나타낸 것이 그림 1-5와 같다.

[그림 1-5] 체 정서지능에 대한 집단 간 비교

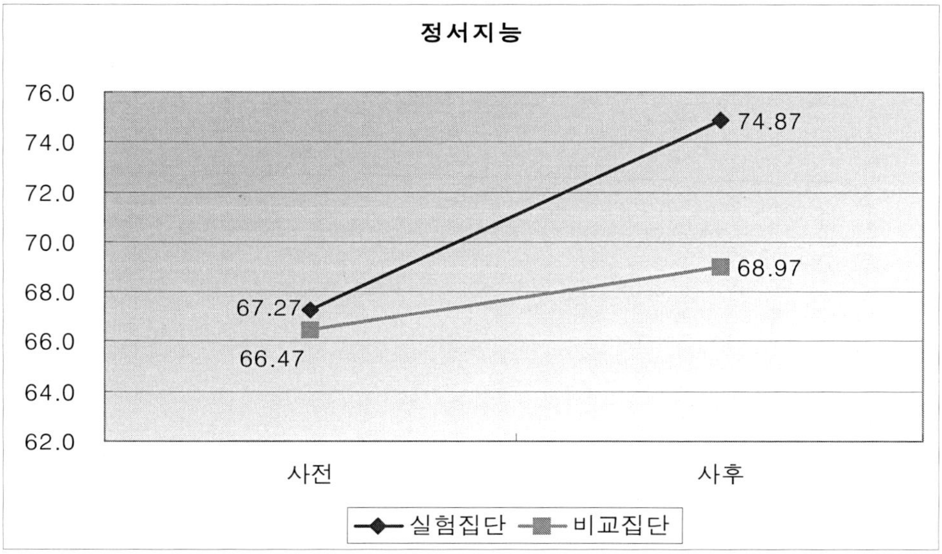

정서지능

실험집단 사전 67.27, 사후 74.87
비교집단 사전 66.47, 사후 68.97

범례: 실험집단 / 비교집단

(2) 정서지능 하위 영역별 분석

정서지능은 정서수용 및 적응능력, 정서인지, 정서조절, 정서표현의 4 가지 영역으로 구성되어 있다. 실험처치 후 실험집단과 비교집단의 정서 지능을 각 하위 영역별로 비교한 결과는 다음과 같다.

① 정서수용 및 적응능력

'정서수용 및 적응능력' 영역에서 집단 간 사전 – 사후 검사결과는 다음 표 1-6과 같다.

<표 1-6> '정서수용 및 적응능력'에 대한 집단 간 비교

정서지능 하위 영역	집단	N	사전검사		사후검사		t
			M	SD	M	SD	
정서수용 및 적응능력	실험	30	25.37	3.71	27.10	3.49	-3.79***
	비교	30	25.53	4.41	25.97	3.95	-.244

***p < .001

표 1-6에 제시한 바와 같이 '정서수용 및 적응능력'에 대한 사전검사 결과, 실험집단(M=25.37, SD=3.71)과 비교집단(M=25.53, SD=4.41)간 점수에서 유의한 차이가 나타나지 않았기 때문에 두 집단이 동일한 수준임을 알 수 있다(t=-.16, p >.05).

'정서수용 및 적응능력'에 대한 사후검사 차이 검증 결과 실험집단에서만 유의한 사전 - 사후검사 점수 차이가 나타났다(t=-3.79, p <.001). 사전검사에 비해 사후검사 점수가 실험집단은 1.73점 증가한 반면, 비교집단은 사전 - 사후검사 점수에서 유의한 차이가 나타나지 않았다. 이러한 결과는 전래동요를 활용한 신체활동이 유아의 주도성 향상에 효과적임을 시사한다고 할 수 있다.

이 결과를 그래프로 나타낸 것이 다음 그림 1-6과 같다.

[그림 1-6] '정서수용 및 적응능력'에 대한 집단 간 비교

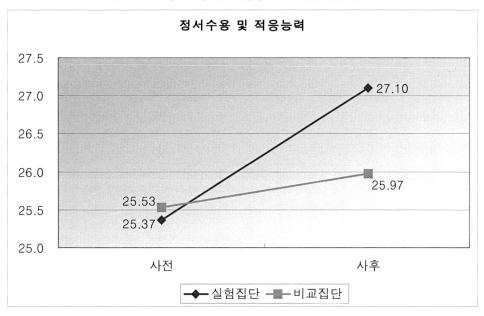

② 정서인지

'정서인지' 영역에서 집단 간 사전 – 사후 검사결과는 다음 표 1-7과 같다.

<표 1-7> '정서인지'에 대한 집단 간 비교

정서지능 하위 영역	집단	N	사전검사		사후검사		t
			M	SD	M	SD	
정서인지	실험	30	21.90	3.84	25.00	3.52	−6.02***
	비교	30	19.57	5.19	20.97	5.09	−.025*

*p <.05, ***p <.001

표 1-7에 제시한 바와 같이 '정서인지'에 대한 사전검사 결과, 실험집단(M=21.90, SD=3.84)과 비교집단(M=19.57, SD=5.19)간 점수에서 유의한 차이가 나타나지 않았기 때문에 두 집단이 동일한 수준임을 알 수 있다(t=1.98, p >.05).

  '정서인지'에 대한 사후검사 차이 검증 결과 실험집단(t=-6.02, p <.001)과 비교집단(t=-.025, p <.05) 모두 유의한 사전 – 사후검사 점수 차이가 나타났다. 실험집단과 비교집단 모두 '정서인지' 점수가 유의하게 향상된 것으로 나타났으나, 사전검사에 비해 사후검사 점수가 실험집단은 3.10점 증가한 반면, 비교집단은 1.40점 증가하여 실험집단의 점수의 증가량이 더 큰 것으로 나타났다. 이러한 결과는 전래동요를 활용한 신체활동이 유아의 정서인지 향상에 효과적임을 시사한다고 할 수 있다.

  이 결과를 그래프로 나타낸 것이 다음 그림 1-7과 같다.

[그림 1-7] '정서인지'에 대한 집단 간 비교

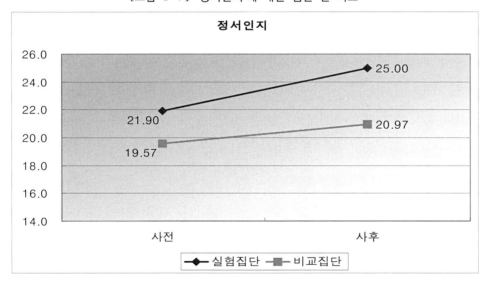

③ 정서조절

  '정서조절' 영역에서 집단 간 사전 – 사후 검사결과는 다음 표 1-8과 같다.

<표 1-8> '정서조절'에 대한 집단 간 비교

정서지능 하위 영역	집단	N	사전검사		사후검사		t
			M	SD	M	SD	
정서수용 및 적응능력	실험	30	11.70	2.22	13.10	1.77	-4.58***
	비교	30	12.83	2.20	12.97	2.04	-.37

***p <.001

표 1-8에 제시한 바와 같이 '정서조절'에 대한 사전검사 결과, 실험집단(M=11.70, SD=2.22)과 비교집단(M=12.83, SD=2.20)간 점수에서 유의한 차이가 나타나지 않았기 때문에 두 집단이 동일한 수준임을 알 수 있다(t=-1.99, p >.05).

'정서조절'에 대한 사후검사 차이 검증 결과 실험집단에서만 유의한 사전 -사후검사 점수 차이가 나타났다(t=-4.58, p <.001). 사전검사에 비해 사후검사 점수가 실험집단은 1.40점 증가한 반면, 비교집단은 사전 - 사후검사 점수에서 유의한 차이가 나타나지 않았다. 이러한 결과는 전래동요를 활용한 신체활동이 유아의 '정서조절' 향상에 효과적임을 시사한다고 할 수 있다.

이 결과를 그래프로 나타낸 것이 다음 그림 1-8과 같다.

[그림 1-8] '정서조절'에 대한 집단 간 비교

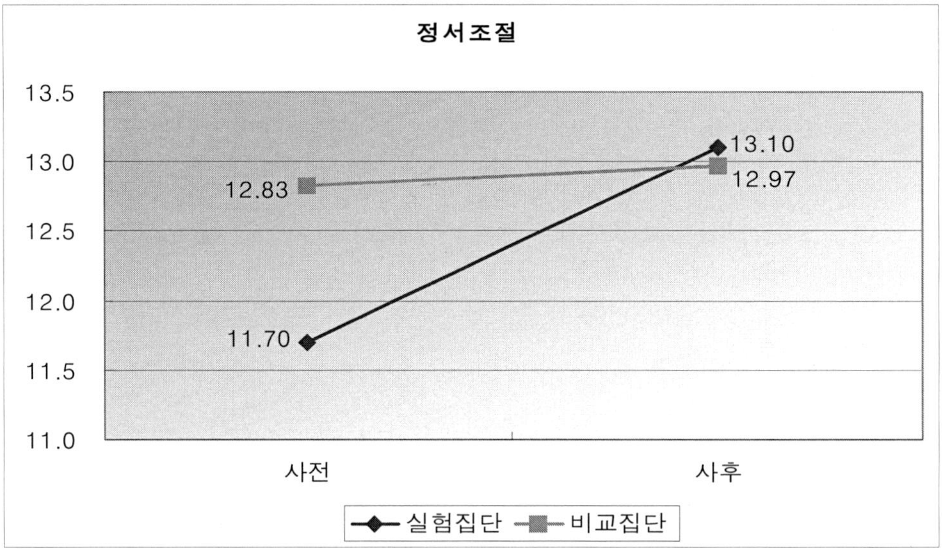

정서조절

④ 정서표현

'정서표현' 영역에서 집단 간 사전 - 사후 검사결과는 다음 표 1-9와 같다.

<표 1-9> '정서표현'에 대한 집단 간 비교

정서지능 하위 영역	집단	N	사전검사		사후검사		t
			M	SD	M	SD	
정서표현	실험	30	8.30	1.58	9.70	1.47	-4.28***
	비교	30	8.53	1.31	9.10	1.17	-1.68

***p <.001

표 1-9에 제시한 바와 같이 '정서표현'에 대한 사전검사 결과, 실험집단(M=8.30, SD=1.58)과 비교집단(M=8.53, SD=1.31)간 점수에서 유의한 차이가 나타나지 않았기 때문에 두 집단이 동일한 수준임을 알 수 있다(t=-.62, p >.05).

'정서표현'에 대한 사후검사 차이 검증 결과 실험집단에서만 유의한 사전 - 사후검사 점수 차이가 나타났다(t=-4.28, p <.001). 사전검사에 비해 사후검사 점수가 실험집단은 1.40점 증가한 반면, 비교집단은 사전 - 사후검사 점수에서 유의한 차이가 나타나지 않았다. 이러한 결과는 전래동요를 활용한 신체활동이 유아의 '정서표현' 향상에 효과적임을 시사한다고 할 수 있다.

이 결과를 그래프로 나타낸 것이 다음 그림 1-9와 같다.

[그림 1-9] '정서표현'에 대한 집단 간 비교

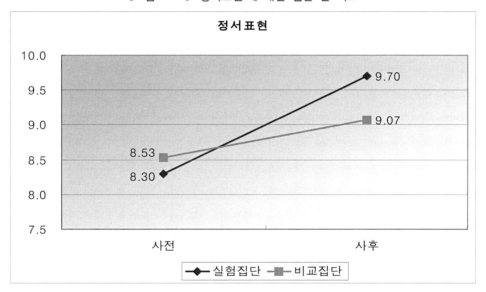

위와 같은 결과를 종합해 보면, 실험집단의 경우 정서수용 및 적응능력(t=-3.79, p <.001), 정서인지(t=-6.02, p <.001),정서조절(t=-4.58, p <.001), 정서표현(t=-4.28, p <.001) 및 정서지능 전체 점수(t=-8.58, p <.001) 모두에서 유의한 사전 - 사후검사 점수 차이가 나타났다. 반면에 비교집단은 정서인지(t=-.025, p <.05)와 정서지능 전체 점수(t=-3.50, p <.01)에서만 유의한 사전 - 사후검사 점수 차이가 나타났고, 정서수용 및 적응능력, 정서조절, 정서표현의 사전 - 사후검사에서는 유의한 차이가 나타나지 않았다.

점수의 증가량에서 실험집단이 정서수용 및 적응능력 1.73점, 정서인

지 3.10점, 정서조절 1.40점, 정서표현 1.40점, 전체 정서지능이 7.60점
으로 유의한 차이를 나타냈고, 비교집단은 정서인지 1.40점, 전체 정서지
능 2.50점으로 정서인지와 전체 정서지능에서 유의한 차이를 보였으나,
실험집단에 비해 점수의 증가량이 적게 나타났다.

　유아에게 전래동요를 활용한 신체활동을 적용한 결과 정서지능의 전체
및 모든 하위 영역에서 실험집단이 비교집단에 비해 통계적으로 사전 – 사후
점수 차가 유의하게 높게 나타났다. 이러한 결과는 전래동요를 활용한 신체
활동이 유아의 전체 정서지능 향상에 효과적임을 시사한다고 할 수 있다.

2. 논의 및 결론

1) 논의 및 결과

　　본 연구는 전래동요를 활용한 신체활동이 유아의 또래 유능성 및 정서
지능에 어떠한 영향을 미치는지 알아보고자 하는데 그 목적이 있다. 이러
한 연구 목적을 달성하기 위하여 실험집단에 전래동요를 활용한 신체활
동을 적용하여 유아들의 또래 유능성과 정서지능에 미치는 효과를 실험
연구 하였다.

　　본 연구에서 나타난 결과를 토대로 논의하면 다음과 같다.

　　첫째, 전래동요를 활용한 신체활동을 경험한 실험집단의 유아들이 경
험하지 못한 비교집단의 유아들보다 또래 유능성에서 유의한 차이를 나
타내었다. 이러한 결과는 우리민족 고유의 정서에 맞는 전래놀이를 유아
교육현장에 적용시켜봄으로써 또래 유능성을 기를 수 있는 방향을 제시
할 수 있다(김정아, 2009)는 연구 결과와 일치한다. 또한, 통합적 전래동
요 활동이 놀이에 대한 주도성을 갖고 또래와 상호작용하는 가운데 또래
유능성에 도움을 주는 교육적 가치를 지니고 있다는 견해(강은주, 2009)
와도 그 맥을 같이 한다.

　　또래 유능성이란, 또래와의 사회적 관계에서 성공적으로 기능하는 것
(Howes, 1987)으로, 유아기 사회성 발달과도 밀접한 관련이 있다. 이와
같은 맥락에서 이복련(2010)은 운율이 있는 전래놀이 활동이 유아의 사회
성 발달과 자아개념 형성에 끼치는 영향을 규명하면서 전래놀이 프로그램
이 유아에게 협동성, 타인 이해성, 자율성, 또래 간 상호작용 및 사회성 전
체에서 긍정적인 영향을 끼친다고 논의하였다. 또한, 박향아(2010)는 전
래동요를 통해 경험하는 유아의 발달적 특성을 연구하면서 전래동요를 통
해 나타나는 사회성 발달의 경험으로써 사회적 상호작용과 다양한 집단

구성의 경험이 나타난다고 보고하였다. 김선아(2010)는 놀이의 형태를 가지는 전통놀이가 사회적 유능성을 기르는데 효과적임을 주장하면서 전래동요 활동을 적용하였는데 연구결과 유아의 사회적 유능성에 유의미한 향상을 가져왔음을 보고하였다. 같은 맥락에서 신명숙(2003)과 이윤희(2006)도 각각 전통놀이 프로그램과 신체접촉 전통놀이를 적용함으로써 협동성, 타인 이해성, 자율성, 또래 간 상호작용의 4가지 하위 영역으로 구성된 유아의 사회성 발달에 긍정적인 효과가 있음을 보고하였다.

본 연구 결과와 일치하는 이러한 결과들은 전래동요 관련 신체활동이 또래 유능성을 포함한 사회성 발달에 긍정적임을 시사하고 있다는 것을 알 수 있다. 특별히 또래 관계 형성을 통해 유지되는 또래 유능성은 유아기 사회적 능력과 관련된 주요 발달과제임을 볼 때(Elicker, Englund, & Sroufe, 1992 ; Waters & Sroufe, 1983), 또래와의 적극적인 상호작용과 능동적 참여를 가져오는 '전래동요를 활용한 신체활동'은 유아의 또래관계 형성 및 사회성 발달에 효과적인 교육적 접근이 될 것이다.

둘째, 전래동요를 활용한 신체활동을 경험한 실험집단의 유아들이 경험하지 못한 비교집단의 유아들보다 또래 유능성의 구성요소인 '사교성'에서 유의한 차이를 나타냈다.

'사교성'이란 또래 유아들과 대부분 어울리며, 또래집단 내에 잘 수용되는 능력을 의미한다(박주희·이은해, 2001). 본 연구의 전래동요를 활용한 신체활동 또한 대집단 소집단으로 다양한 집단구성을 시도하면서 유아들이 놀이 속에서 다양한 또래들과 접촉과 상호작용이 일어나도록 구성했다. 그 속에서 유아들은 자연스럽게 수용되고 여러 친구들과 동화되어가는 과정을 경험할 수 있도록 하였다.

구체적인 예로, 친구와 짝을 지어 나무 놀이를 할 때는 "자유선택활동 할 때 친구와 같이 음식을 나누어 먹고 사탕까지 먹고 있는 기분이었어요"라고 평가를 해주는가 하면, '자장가 노래'에서는 "친구를 안아주고 토닥여주니까 친구가 더 친하게 느껴졌어요" 등의 반응도 나타내었다. 이러한 과정들이 실제로 사교성의 전체 평균을 높이는 유의미한 결과로 나타난 것으로 보인다.

최성은(2005)은 또래와의 능동적인 상호작용으로 이루어지는 전래동요 관련 놀이활동이 유아의 자기중심성을 극복하고 함께 나누고 협동하는 기회와 타인 인식 및 사회적 기술을 습득하는 기회를 제공함으로써 '또래 수용정도'에 관련된 자아지각을 높이는데 효과적이라고 보고하였다. 또한, 김영숙(2003)은 혼자 놀거나 병행놀이를 하며, 집단놀이에 자발적으로 참여하지 못하던 유아들이 쉽게 다른 친구들과 어울리면서 놀이 활동에 참여함으로써 전래놀이동요는 유아들의 놀이에 대한 관심과 참여도를 증진시키는 매개 역할을 한다는 논의도 본 연구 결과와 일치한다.

한편, 이 시기 유아들의 또래 간 상호작용이 주로 놀이를 통하여 이루어지며 다양한 놀이 속에서 여러 가지 상호작용을 경험하며 사교성이 발달해간다(정옥분, 2004)는 점과 의사소통 증진 활동을 통해 비인기 유아들도 또래집단에 수용되어 지속적으로 놀이를 이어간다(박종수, 2008)는 점을 볼 때, 전래동요를 통한 신체활동의 구성에서 유아들의 언어와 신체 접촉을 비롯한 다양한 상호작용 경험과 의사소통이 일어날 수 있도록 세심하게 수업을 설계한다면, 유아의 사교성은 보다 유의미하게 증진할 것이다.

셋째, 전래동요를 활용한 신체활동을 경험한 실험집단의 유아들이 경험하지 못한 비교집단의 유아들보다 또래 유능성의 구성요소인 '친사회성'에서 유의한 차이를 나타냈다.

'친사회성'이란 또래와 문제가 발생했을 경우 이에 대한 갈등을 효과적으로 해결하고, 또래 유아와 사이좋게 지내며, 잘 도와주는 능력을 의미한다(박주희·이은해; 2001). 본 연구의 전래동요를 활용한 신체활동의 과정에서 또래들과 자연스럽게 어울리고 적극적인 상호작용이 이루어지게 되면서 다양한 사회적 기술을 연습할 기회를 가질 수 있었다. 전래동요를 활용한 신체활동을 수행하기 위해서 유아들은 서로 대화하고, 협동하고, 도와주고, 보조를 맞추고, 속도를 맞추고 기다려 주어야만 했다.

구체적인 예로, '호박 떼기' 활동에서 내가 속한 팀의 이익을 위해 서로 마음을 모으고 순간순간 재치 있는 아이디어를 내며 다양하게 상호작용하였고 그 과정에서 양보하기, 배려하기, 도움주기 등의 사회적 기술들이 많이 나타나는 것을 볼 수 있었다. 이러한 경험들을 통해 유아들은 또래 관계를 맺고 유지하는데 필요한 친사회성을 향상시키는 데 도움을 주었다고 사료된다.

친사회성에 관한 본 연구의 결과는, 다양한 전래동요놀이 활동을 통해 집단생활을 경험하여 자기중심성을 극복하고 또래들과 함께 더불어 살아가는 친사회적 행동을 향상시킨다는 이영희(2008)의 연구 결과와 일치한다. 또한, 전래놀이의 통합적 활동이 유아들 서로 간의 합의를 통해 실제적으로 타협하고 해결할 수 있는 방안에 관심을 갖게 함으로써 친사회성 향상이나 원만한 대인관계 형성에 중요한 역할을 할 수 있음을 보여준 오영희·김주현(2005)의 연구 결과와도 맥락을 같이한다. 정경숙(2004)도 전래놀이동요가 집단적으로 함께 움직이면서 놀이의 규칙을 따르고 서로 협력하고 나누며 양보하는 가운데 대인관계 기술을 발달시키게 되고 이를 통해 친사회적 행동발달에 직접적인 도움을 준다고 하며 본 연구결과와 동일한 결론을 내리고 있다.

한편, 본 연구의 실험처치 기간은 여름방학이 끝난 직후 2학기 전 과정 동안 이루어졌다. 또래 유능성 중에서 친사회성이 높은 유아가 유치원 적응을 잘하고 있으며 유치원 적응행동 중에서도 친사회적인 행동을 가장 많이 보이고, 또래 유능감과 유치원 생활에서의 적응 모습도 비교적 많이 보인다는 강은선(2010)의 연구 결과를 통해 유아의 유치원 적응에 있어 친사회성이 중요한 영향을 미치는 것을 알 수 있다. 최미선(2005)도 유치원의 전통놀이 활동이 유아의 친사회적 행동에 미치는 영향을 분석하면서 구체적으로 다양한 상호작용을 통해 대인관계 형성 능력을 향상 시키고 이를 통해 유치원 생활에도 적절하게 적응하는 능력을 기를 수 있다고 하였다. 그러므로 유아의 친사회성 향상과 밀접하게 관련되어 있는 전래동요를 활용한 신체활동은 2학기보다는 학기 초에 실시하는 게 보다 큰 교육적 효과를 가져 올 수 있을 것이다.

넷째, 전래동요를 활용한 신체활동을 경험한 실험집단의 유아들이 경험하지 못한 비교집단의 유아들보다 또래 유능성의 구성요소인 '주도성'에서 유의한 차이를 나타냈다.

'주도성'이란 유아 자신의 의견을 효과적으로 주장하며, 또래집단 내에서의 놀이 및 공동 활동을 적극적으로 제안하는 능력을 의미한다(박주희·이은해, 2001). 본 연구에서 활용한 놀이는 유아들이 친숙함을 가지고 쉽게 이해할 수 있는 전래동요를 활용한 형태로 제공함으로써 모든 유아들이 능동적으로 참여할 수 있도록 구성하였다. 그 과정에서 유아들은 자신이 제안한 방법이 수용되고 그것을 통해 놀이가 변형되고 확장되는 재미와 기쁨을 경험할 수 있었다. 또한, 실제 놀이 참여 과정에서 놀이의 흐름이 깨지지 않도록 서로가 주의할 점들을 환기시키고, 같은 팀끼리는 적극적으로 의사소통하며 능동적으로 참여하는 모습들을 보여주었다.

구체적인 예로, 두꺼비 마을이 완성되는 과정에서 유아들이 서로 협력하고 끊임없이 의사소통하는 모습을 많이 보였으며, 이런 과정에서 의견을 적극적으로 제안하며 주도적으로 놀이를 이끌어가는 유아들도 발견할 수 있었다. 또한, '여우야 여우야' 놀이에서도 중간에 여우를 두 명으로 하거나, '무궁화 꽃이 피었습니다' 놀이와도 연결해 보자는 등의 적극적인 의견을 제안하기도 하였다.

주도성에 관한 본 연구 결과는 리더십이 높은 유아일수록 놀이에서 또래와 효과적인 의사소통 전략을 사용하고, 사회적 목표를 획득하기 위해 또래와 협력하며 또래로부터 좋은 놀이 상대자로 인정받게 된다고 한 Ashiabe(2007)의 연구 결과와도 일치하는 내용이다. 또한, 유아의 놀이성과 놀이 주도성과의 관계를 분석한 백지연(2007)이 주도적 놀이행동 형태인 놀이를 정의하기 및 명명하기, 정보제공 및 제안하기, 칭찬 및 격려하기, 놀이를 안내하기 등은 유아의 놀이성과 유의한 정적 상관이 있다고 보고한 연구 결과와도 같은 맥락이라고 할 수 있다.

한편, 유아의 전래동요를 활용한 신체활동 수업 내에서 유아의 주도성을 증진하기 위한 적절한 교수전략이 요구된다. 이는 교수학습 방법에서 교사주도 상황과 유아주도 상황에 대한 적절한 안목과 균형 감각을 필요로 하는데 이에 따라 유아의 자율성의 영역도 확대 또는 축소되며 그 사이에서 유아가 발휘할 수 있는 주도성의 범위도 결정되기 때문이다.

김순자(2007)는 전통놀이 교육에 대한 유아교사의 인식을 조사한 연구에서 유아교사들이 전통놀이지도 시 겪는 곤란도로서 전통놀이 지도방법을 잘 몰라서 어려움을 겪는 비율이 가장 높게 나타났음을 보고하며 전통놀이 지도방법에 관한 강연이나 연수의 필요성을 논의한 바 있다. 추후 전래동요를 활용한 신체활동이 이루어질 경우, 사전에 교수전략을 위한 적절하고도 다양한 교수법을 교사가 융통성 있게 적용할 수 있어야 할 것이다

다섯째, 전래동요를 활용한 신체활동을 경험한 실험집단의 유아들이 경험하지 못한 비교집단의 유아들보다 '정서지능'에서 유의한 차이를 나타냈다.

이와 같은 결과는 '두꺼비', '대문놀이' 등 8곡의 전래동요를 활용하여 신체표현활동이 정서지능에 효과가 있음을 보고한 장완수(2011)의 연구 결과와 일치한다. 또한 윷놀이, 투호놀이, 가마타기 등 7가지의 전통놀이 활동이 유아의 정서지능에 긍정적인 영향을 미친다는 것을 검증한 김선아(2010)의 연구와도 같은 결과를 보이고 있다.

전래동요의 교육적 가치와 효과를 인정하고 이것을 다른 활동과 통합하여 유아의 발달에 기여하고자 했다는 점에서 본 연구의 기본 방향과 부합한 다른 연구들도 정서지능과 관련하여 의미 있는 결과들을 보이고 있다.

전래동요를 활용한 표현활동이 유아의 정서지능 향상에 긍정적인 효과가 있다고 보고한 하유선(2005)의 연구, 전래동요 음악활동이 유아의 정성지능에 긍정적인 영향을 미칠 것이라는 가설을 검증한 이명이(2006)의 연구, 전래동요를 통해 유아가 경험하는 발달적 특성에 관하여 연구하면서, 특히 정서발달 중에서도 다양한 정서표현의 발달을 유아들이 경험하는 것으로 보고한 박향아(2010)의 연구들이 대표적인 경우이다.

또한, 본 연구자는 인지발달 중심의 편향된 교육풍조를 우려하여 움직

임과 놀이를 포함한 신체활동의 관점에서 전래동요의 현대적 적용을 재
조명해 보고자 하였다. 이러한 연구자의 시대적 인식을 함의하고 있는 연
구들도 정서지능의 발달에 전래동요가 긍정적임을 시사하고 있다.

전래동요를 활용한 자연친화적 놀이가 유아의 정서지능에 미치는 영향
을 살펴보면서 자연에서 놀이하면서 부르는 옛 노래가 정서지능의 발달
에 효과가 있음을 보고한 이혜선(2006)의 연구, 우리의 정서와 생활감정
에 맞는 전래놀이 노래 프로그램이 유아의 정서지능의 향상을 가져왔음
을 보고한 최상미(2006)의 연구, 소집단 전통놀이 활동이 유아의 내적
통제력 상승·유치원에서의 안정감 형성·성취동기 향상 등 정서발달에
긍정적인 영향을 미치고 있음을 보고한 정성희(2007)의 연구, 자연물을
이용한 전통놀이가 유아의 감성발달에 긍정적인 효과가 있음을 보고하면
서 이를 유치원의 교육과정과 연계하여 제공할 필요성을 시사한 손혜영
(2007)의 연구, 전래놀이 동요 프로그램이 정서의 인식 및 표현영역을
비롯한 정서지능 전반에 긍정적인 영향을 미쳤음을 보고한 김영숙(2003)
의 연구가 이에 해당한다.

특별히, 전래놀이가 이루어진 공간적인 원형에 근접하게 연구 설계한
실외 전래놀이가 유아의 정서지능에 미치는 영향에 관한 연구(김영주·
이진숙·오미숙, 2003 ; 한효은, 2008), 유·초 통합 전래놀이가 저소득
층 유아의 정서지능에 미치는 효과를 알아봄으로써, 유·초 통합 전래놀
이가 계층에 따른 정서지능의 차이를 줄이는데 긍정적인 효과가 있다는
것을 밝힌 서현숙(2004)의 연구들도 본 연구의 결과와 같은 맥락에서 해
석할 수 있을 것이다.

본 연구 결과와 일치하는 이러한 결과들을 종합해 볼 때, 전래동요를
활용한 신체활동이 유아의 정서 발달에 긍정적임을 시사하고 있다는 것
을 알 수 있다. 인지적인 능력은 과거보다 우수하나 그에 비해 정서는 턱
없이 빈곤한 오늘날의 유아들에게 위와 같이 교육적 가치와 효과가 인정
된 전래동요를 신체활동의 형태로 제공하는 것은 정서지능을 향상시키는
놀이로써 부족함이 없을 것이라고 본다.

여섯째, 전래동요를 활용한 신체활동을 경험한 실험집단의 유아들이

경험하지 못한 비교집단의 유아들보다 정서지능의 하위 요소인 '정서수용 및 적응능력'에서 유의한 차이를 나타냈다.

'정서수용 및 적응능력'은 다른 사람을 수용하고 유아 스스로 동기화되어 어려움을 참아내며 보다 큰 만족과 성취를 위하여 노력하는 것이다. 그리고 '자기 동기화'와 관련된 능력으로써 충동을 최소화하는 정서적 자기통제의 모든 일에 수행된다(이연주, 2010). 본 연구에서도 유아들이 차례와 질서를 지키지 않으면 신체활동의 전체 흐름이 깨지는 것을 직접 경험하면서 놀이에서의 재미를 지켜내기 위해 유아들이 인내심을 갖고 자발적으로 노력하는 모습을 볼 수 있었다. 이렇게 다른 사람을 수용하고 기다려 주는 마음은 놀이 속 유아의 대화를 통해서도 나타남으로써 점차 내면화되는 것을 관찰할 수 있었다.

구체적인 예로, 유아들이 몸으로 실꾸리를 감는 것을 표현할 때 달팽이처럼 감았다 풀어 나가는 대형 변화가 있었다. 어느 때보다 실이 끊어지지 않기 위해 유아들이 속도를 줄이고 다른 친구의 움직임에 자신의 움직임을 맞추는 등의 노력하는 모습을 많이 보였다. 또한, '어깨동무 씨동무' 활동에서는 "친구랑 한 어깨동무가 끊어지지 않도록 노력하니까 정말 어깨동무를 더 잘 할 수 있었어요"라고도 얘기해주었다.

이러한 '정서수용 및 적응능력'과 일치된 결과를 보고한 박향아(2010)는 전래동요는 교사 및 또래들 사이에서 있는 그대로의 정서 상태를 수용하는 경험을 통하여 유아가 정서적 발달 특성을 경험하도록 도와준다고 하였다. 또한, 소집단 전통놀이 활동이 정서적인 측면에서 특별히 유아의 내적 통제에 긍정적인 영향을 미친다고 보고한 정성희(2007)의 연구도 본 연구와 일치된 결과를 보이고 있다.

위와 같이 정희정(2010)도 전래동요를 이용한 통합적 국악 활동이 유아의 자기 조절력에 미치는 효과를 연구하면서 활동이 지속될수록 유아들이 점차 변화되어가는 모습을 기술하고 있다. 유아들이 개인적인 행동은 협동적 놀이 상황에 도움을 주지 못함을 반복적으로 경험하면서 유아들이 서로에게 충고하기도 하고, 순서를 잘 참고 기다리는 등 점차 자기를 스스로 통제하는 모습을 보여주었다는 연구 결과이다. 전래동요를 활

용한 신체활동과 같은 경우도, 다양한 집단 구성과 협력을 요구하는 상황
이 빈번하기 때문에 단기간에 향상되기 어려운 정서수용과 적응능력의
향상에 효과적인 활동이 될 수 있을 것이다. 그러므로 실제 현장에서 적
용할 때는 각 단원이나 주제에 적합한 전래동요를 선정하여 유아교육과
정에 명시된 목적과 함께 통합교육이 가능하도록 구성함으로써 지속 가
능한 교육이 되도록 해야 할 것이다.

　일곱째, 전래동요를 활용한 신체활동을 경험한 실험집단의 유아들이
경험하지 못한 비교집단의 유아들보다 정서지능의 하위 요소인 '정서인
지'에서 유의한 차이를 나타냈다.
　'정서인지'는 유아가 자신과 다른 사람의 감정 상태를 이해하고 도움이
필요한 사람을 배려하여 적극적으로 의사소통할 수 있는 정도를 말한다.
본 연구에서는 다양한 신체적 접촉을 통해 나와 상대방의 감정을 느껴보
았다. 또한 전래동요 속의 노랫말이 담고 있는 내용을 유아들이 내면화시
키면서 다양한 신체활동을 통해 감정이입을 할 수 있도록 도와주었다.
'두꺼비' 전래동요에서는 유아들이 다양한 신체적 접촉을 통해 나의 감정
과 친구의 감정을 인지해 보고 나아가 정서적으로 안정감을 느낄 수 있
는 시간이 되었다. 또한, 어디까지 왔나를 통해서는 보이지 않는 사람들
은 어떤 마음일지 느낄 수 있게 되었고, '참외밭에 삽살개'나 '여우야 여
우야' 등의 내용도 극놀이로 재구성해서 신체활동으로 전개해 보았다. 이
러한 시간을 통해 등장인물이나 상대방이 처한 기분과 감정을 충분히 느
껴볼 수 있는 시간이었다.
　본 연구의 결과는 전래동요를 활용한 표현활동이 유아의 화남, 기쁨,
슬픔, 무서움, 사랑스러움에 대한 5가지 정서이해 능력 모두에 유의미한
결과가 있음을 보고한 하유선(2005)의 연구와 일치된 결과이다. 또한, 유
아들이 자연물을 이용한 전통놀이를 하면서 다른 사람과 여러 가지 상황
을 이해하고, 자신의 감정을 조절하며 도움이 필요한 일이 있으면 도와주
고 협력해야 재미있게 놀이를 할 수 있음을 인식했다는 손혜영(2007)의
연구도 같은 결과를 보고하고 있다. 김영주·이진숙·오미숙(2003)도 실

외 전래놀이 활동에 참여하는 기회를 통해 자기중심성에서 벗어나 타인을 인식하게 되고 타인의 정서까지도 이해할 수 있다는 점에서 실외 전래놀이 활동의 교육적 효과를 확인함으로써 본 연구와 일맥상통한 결과를 내었다.

특히, 황옥자(2000)는 위의 사례를 증명하듯, 전통놀이가 유아의 감성발달에 가치 있는 활동으로 주목되는 것은 놀이유형이나 놀이가 갖는 특성을 통해 타인의 감정을 이해하고 배려하는 태도를 길러주기 때문이라고 하였다. 그러므로 본 연구의 사례에 비추어 볼 때, 감정이입적인 요소가 반영된 신체활동을 구성한다면, 유아의 정서인지 능력은 더욱 향상될 것이라고 본다.

여덟째, 전래동요를 활용한 신체활동을 경험한 실험집단의 유아들이 경험하지 못한 비교집단의 유아들보다 정서지능의 하위 요소인 '정서조절'에서 유의한 차이를 나타냈다.

정서조절은 인내심과 절제로 자신의 감정, 특히 충동이나 분노와 같은 부정적인 감정을 조절하고 억제할 수 있는 정도를 말한다. 본 연구에서는 특별히 이기고 지는 결과가 생기는 신체활동의 경우, 유아들이 결과에 관계없이 활동 속에서 친구와 하나 되어 재미있게 활동에 참여한 것에 의의를 두었다. 줄다리기 활동으로 연결한 '이박 저박' 같은 경우는, 결과에 상관없이 모든 유아들이 신나게 줄다리기를 한 것에 만족한 반응을 보여주었다. 또한, '기와 밟기'의 경우도 놀이 중간에 가위, 바위, 보로 승부가 갈리지만, 이긴팀 진팀 모두 결과에 상관없이 놀이 자체를 즐기는 모습을 보여주었다.

'정서조절 능력'과 관련한 위와 같은 연구 결과는 전래동요를 활용한 창의적 신체표현 활동에서 어떠한 결과를 수용하고 참는 능력이 뛰어난 것으로 보고한 장완수(2011)의 연구 결과와 일치한다. 또한, 전래동요가 자기정서 조절 영역에서 유의미한 차이를 보인 것은 전래동요 음악활동을 통하여 자신의 감정을 상황에 맞게 조절하고 분노 등의 부적절한 정서를 긍정적으로 조절하는 능력이 향상되었음을 보여 준 것이라고 보고한 이명이(2006)의 연구 결과와도 일치한다.

김미숙(2001)은 유아는 친구와 함께 놀이를 하는 동안 문제 상황과 갈등이 생겼을 때 어떻게 서로 감정을 통제하고 조절하는 것이 바람직한 것인가를 배우면서 정서적 자기조절력을 기르게 된다고 하였다. 전래동요를 활용한 신체활동의 놀이 상황에서도 유아들이 충동이나 분노와 같은 부정적인 정서들이 조절되는 것을 볼 수 있었다. 오늘날 지적인 성장 일변도로 흐르는 교육세태 속에서 유아들 또한 소아 우울증이 생길 정도로 정신적인 스트레스가 많고 가정의 사회적 배경이나 양육환경에 따라 정서조절력도 과거에 비해 현저히 떨어지고 있는 상황이다. 전래동요를 활용한 신체활동이 이러한 상황 속에서 적절히 활용된다면, 정서조절력을 향상시키는데 도움이 될 것으로 보인다.

아홉째, 전래동요를 활용한 신체활동을 경험한 실험집단의 유아들이 경험하지 못한 비교집단의 유아들보다 정서지능의 하위 요소인 '정서표현'에서 유의한 차이를 나타냈다.

정서표현은 자기가 느낀 감정을 상황에 맞게 사회적으로 수용 가능한 방법으로 적절히 표현하는 것이다. 본 연구에서 '군밤타령'과 같은 경우는 계속 짝을 바꾸면서 놀이하는 과정에서 유아들이 만났던 짝을 또 만날 경우, 어느 때보다 반가움과 기쁨을 크게 표현하는 유대감을 보였다. 또한, '잠자리 꽁꽁'과 같은 경우도 술래인 친구가 잠자리 중 한명을 잡으려 하고 한쪽은 도망가려는 상황에서 긴장감과 스릴을 맛보기도 하고 놀람, 기쁨, 안도감 등의 다양한 감정도 마음껏 표출하면서 정서 순화도 이루어질 수 있었다.

이혜선(2006)은 전래동요를 활용한 자연친화 놀이가 유아의 정서지능에 미치는 영향을 알아보면서 옛 아이들의 감정을 노래로 표현하고 구전된 전래동요를 사용하여 유아들이 자연스럽게 흥얼거리고 이에 자연친화 놀이를 함께 함으로써 유아 내면의 욕구들을 자연스럽게 표현할 수 있는 기회가 되었다고 하였다.

박향아(2010)는 정서는 인간의 행동으로 표출된다고 하면서 전래동요를 통해 신체접촉, 집중력, 용기, 장난스런 행동, 신중한 태도 등의 행동특성을 나타내었다고 하였다. 결과적으로 이러한 정서적 표현이 교사에서부터 친구들에게로 발전되어가면서 친구들과 함께 있는 것에 대해 점차 안정감을 얻어간다고 보고하였다.

실외 전래놀이 활동에 참여하여 여럿이 함께 어울릴 때, 자신의 정서를 표현해 보는 기회가 많아졌다는 오미숙(2002)의 연구 결과와 같이 전래동요를 활용한 신체활동은 유아를 긴장과 억압된 감정들로부터 해방시켜 건강한 신체발달과 함께 정서 순화를 가져오고 자기만족과 감정의 발산을 도울 수 있다는 점에서 유아의 정서표현 능력 향상에 많은 도움이 될 것이다.

2) 결론 및 제언

본 연구 결과를 통해 내린 결론은 다음과 같다.

첫째, 전래동요를 활용한 신체활동이 유아의 또래 유능성에 미치는 영향을 알아본 결과 실험집단과 비교집단 간에 통계적으로 유의한 차이를 보였다. 뿐만 아니라 또래 유능성의 하위 영역인 사교성, 친사회성, 주도성의 3개 영역에서도 두 집단 간 유의한 차이가 나타났다.

이를 통해, 전래동요를 활용한 신체활동이 유아의 또래 유능성에 긍정적인 영향을 미쳤다는 것을 알 수 있다.

둘째, 전래동요를 활용한 신체활동이 유아의 정서지능에 미치는 영향을 알아본 결과 실험집단과 비교집단 간에 통계적으로 유의한 차이를 보였다. 뿐만 아니라, 정서지능의 하위 영역인 정서수용 및 적응능력, 정서인지, 정서조절, 정서표현의 4개 영역에서도 두 집단 간 유의한 차이가 나타났다.

이를 통해, 전래동요를 활용한 신체활동이 유아의 정서지능에 긍정적인 영향을 미쳤다는 것을 알 수 있다.

　　결론적으로, 전래동요를 활용한 신체활동은 유아의 또래 유능성을 증진시키고 정서지능을 향상시키는데 효과적이다.

　　이상의 결론을 토대로 후속 연구를 위해 다음과 같이 제언을 하고자 한다.

　　첫째, 전래동요에 담긴 놀이의 특성을 활용한 신체활동적 관점에서 논의는 아직 미비한 실정으로 본 연구의 전래동요를 활용한 신체활동도 향후 논의 과정에 따라 지속적인 수정과 보완이 필요할 것이다. 앞으로 유아의 발달에 적합한 치밀한 분석, 유아교육과정 안에서 통합을 위한 세심한 검토를 통해 이론적으로 정립할 수 있는 후속 연구가 이루어져 보다 체계적이고 현장성 있는 전래동요 신체활동 프로그램이 만들어져야 할 것이다. 그러나 이 모든 과정이 교사에 의한 교육으로 끝나는 것이 아닌 궁극적으로 유아의 삶 속에서 자발적으로 이루어지는 생활로서의 놀이의 단계까지 나아가는 것을 지향해야 할 것이다.

　　둘째, 본 검사의 또래 유능성 검사 도구는 교사용 평정척도로써 담임교사의 유능성, 대상 유아들을 지도해 온 기간, 유아들에 대한 개인적인 편견 등에 따라 결과가 달라질 수 있다는 한계가 있다. 또한, 정서지능 검사 도구는 자기 보고식 검사 도구로써 피검자에 의해 지각된 것을 측정하여 실제 능력보다 자신을 더 긍정적으로 보이도록 반응할 수 있다. 따라서 질적 연구에 의한 심층면접 및 부모의 평정과 교사 평정의 병행 실시 등 좀 더 다양한 평정방법을 통해 각각의 결과를 비교함으로써 연구결과의 정확성을 높이는 것이 바람직할 것이다.

셋째, 우리나라 유아교육 현장에서 대부분의 교사들이 전래동요의 중요성은 인식하고 있으나 다른 활동과 통합적으로 접근하는 방법이나 실제 수업에서 효율적으로 지도하는 방법에서는 많은 어려움을 가지고 있다. 교육현장에서 전래동요와 관련된 활동이 활발하게 이루어지도록 하기 위해서는 이러한 제약을 극복할 수 있는 실제적인 지침들이 보다 많이 보급되어야 할 것이다. 따라서 추후 연구에서는 전래동요의 통합적 활동방법과 효율적 지도방법을 현장에서 접목할 수 있는 교사교육 프로그램이 개발되어야 할 것이다.

넷째, 전래동요 속에서 자연스럽게 연결되어 나오는 놀이들은 대부분 생활 속에서 또래나 형, 아우와 자연스럽게 어울리게 하는 집단놀이이다. (pica. 1990). 이에 대하여 유치원의 종일반과 같이 혼합연령으로 구성된 학급의 경우는 형·동생이 서로 어울리는 기회가 많아 보다 풍부한 사회·정서적 경험을 할 수 있다. 따라서 동일연령 내에서의 비교·분석뿐만 아니라 혼합연령으로 구성된 집단에서 본 연구를 실시하여 형과 동생 간에 나타나는 발달적 차이를 분석해보는 것도 전래동요와 통합된 활동의 효과를 고찰하는 차원에서 의미 있는 연구가 될 것이다.

다섯째, 오늘날 다문화 가정의 유아들은 이중 언어와 이중 문화 속에서 정체성의 혼란을 겪고 있다. 이러한 문화적 부적응에 집단 따돌림까지 더해지면서 정서적·사회적으로 위축되어 있다. 최근, 김혜연(2010)은 구조화된 집단놀이 활동이 다문화 가정 유아의 정서능력과 사회적 능력 향상에 긍정적인 효과를 주었다는 연구 결과를 보고한 바 있다. 같은 맥락에서 또래 유능성과 정서지능의 발달을 가져오는 전래동요 관련 신체활동을 다문화 가정 유아가 있는 학급에 적용해 본다면 다문화 가정 유아의 또래관계 증진과 정서지능 발달에 도움을 줄 수 있을 것이다. 또한, 전래동요 속에 담긴 한국 문화와 정신을 이해함으로써 문화적 부적응 현상을 해결하는 데도 도움이 될 수 있을 것으로 본다.

마지막으로, 본 연구는 서울시에 위치한 유치원 만 5세 유아 60명의 소수 인원을 대상으로 실시하였으므로 연구 결과를 일반화시키는 것에는 표집 인원과 표집 지역에 따른 제한점이 있다. 따라서 전국의 여러 지역에서 보다 많은 유아들을 대상으로 연구를 진행한다면 좀 더 포괄적이고 일반적인 논의가 가능할 것이다.

참고문헌

기현주(2004). 형제구조, 어머니의 형제대우 및 또래 유능성과 형제 상호작용의 관계. 이화여자대학교 대학원 박사학위 논문.

김귀자(2004). 유아의 또래지위와 유치원 적응과의 관계. 한국교원대학교 대학원 석사학위 논문

강혜인(2002). 유아교육, 우리음악으로 가르쳐요. 서울 : 민속원.

강혜인(2007). 한국전래동요의 음악문화 연구. 동아대학교 대학원 박사학위 논문.

김경희(1986). 아동심리학. 서울 : 박영사.

김세희(1994). 한국전래동요에 대한 유아의 선호도 분석. 이화여자대학교대학원 박사학위 논문.

김영숙(2003). 전래놀이동요 프로그램이 유아의 정서지능과 사회적 능력에 미치는 영향. 영남대학교 대학원 박사학위 논문.

김유진(2006). 집단미술활동이 유아의 사회성 및 정서지능, 언어표현력에 미치는 효과. 중앙대학교 대학원 석사학위 논문.

김주현(2003). 전래동요의 교육적 활용방안 탐색. 중앙대학교 교육대학원 석사학위 논문.

교육과학기술부·보건복지부(2012). 5세 누리과정 해설서.

박주희·이은해(2001). 취학 전 아동용 또래 유능성 척도 개발에 관한 연구. 대한가정학회지, 39(1), 221-232.

송성숙(2001). 전래놀이프로그램이 유아의 스트레스 감소에 미치는 영향. 광주대학교 산업대학원 석사학위 청구 논문.

엄성은(2009). 애들아 전래동요 부르자. 플라잉피그코리아.

윤은섭(1987). 놀이와 사회성 발달과의 상관 연구. 성신여자대학교 대학원 석사학위 논문.

이경우·이은화(1994). 한국전래동요의 재발굴 및 통합적 활용에 대한 연구.

인간발달, 22, 1~100.

이은화·홍용희·조경자·엄정애(2001). 한국의 전통아동놀이 고찰. 유아교육연구, 21(1), 114~140.

이명이(2006). 전래동요가 유아의 정서지능 및 음악적성 발달에 미치는 영향. 한국외국어대학교 교육대학원 석사학위 논문.

이연옥(2008). 미술감상 경험이 유아의 감성지능에 미치는 영향 – 아동화와 성인화 감상 경험의 비교. 울산대학교 교육대학원 석사학위 논문.

이옥순(2004). 음악감상 통합활동이 유아의 감성지능에 미치는 영향. 성균관대학교 교육대학원 석사학위 논문.

이진경(2004). 사회적 유능감 증진 프로그램이 유아의 자기존중감과 또래 유능성에 미치는 영향. 한국교원대학교 교육대학원 석사학위 논문.

장완수(2011). 전래동요를 활용한 신체표현활동이 유아의 창의적 신체표현력 및 정서지능에 미치는 영향. 전남대학교 대학원 석사학위 논문.

장현갑(1997). 정서지능 개관 : 신경과학적 이해. 영남대학교 인문과학도서관.

조영미(2010). 유아 및 초등 연계 교육을 위한 국악 활동 지도법 연구. 중앙대학교 국악교육대학원 석사학위 논문.

최종욱·이영선(2003). 유아의 감성지능과 창의성의 관련성 연구. 미래유아교육학회지, 10(4), 139~172.

최지희(2002). 아버지의 양육참여 정도 및 양육행동과 아동의 또래 유능성의 관계. 연세대학교 교육대학원 석사학위 논문.

편해문(2002). 옛 아이들의 노래와 놀이읽기. 서울 : 박이정.

하유선(2005). 전래동요를 활용한 표현 활동이 유아의 정서지능에 미치는 영향. 성균관대학교 교육대학원 석사학위 논문.

황선영(2005). 또래 유능성이 낮은 유아의 모래상자놀이 적용 사례 연구. 한국교원대학교 대학원 석사학위 논문.

허예중(2000). 어린이 교육과 전래동요의 관계성 고찰. 조선대학교 대학원 석사학위 논문.

Asher, S., Renshaw, P., & Hymel, S.(1982). Peer relations and the dev elopment of social skills. In S. Moore & C. Cooper(Eds.), The Y oung Child, Washington, DC : NAEYC.

Bagwell, C. L., Newcomb, A F., & Bukowski, W. M. (1998). "Pre-adol escent Friendship and Peer Rejection as Predictors of Adjustme nt." Child Development, 69(1), 140-153.

Bar-On, R.(2000). Emotional and Social Intelligence : Insights from the Emotional Quotient Inventory. In R. Bar-On, & J. A. Parker(Ed s.), The Handbook lf Emotional Intelligence(pp363-388). San Fr ancisco : Jossey-Bass.

Coie, J. C., Dodge, K. A., & Kupersmidt, J. B. (1990). Peer Group Beh avior and Social Status, In S, R. Asher & J. C. Coie (Eds.), Peer Rejection in Childhood (pp. 17-59). Cambridge, MA : Cambridge University Press.

Crick, N. R. (1996). "The Role of Overt Aggression, Relational Aggres sion, and Prosocial Behavior in the Prediction of Children's Futu re Social Adjustment." Child Development, 67, 2317-2327.

Elicker, J., Englund, M., & Sroufe, L. A. (1992). Predicting Peer Compet ence and Peer Relationships in Childhood from Early Parent-Chil d Relationships. In R. D. Parke, & G. W. Ladd(Eds.), Family-Peer Relationship. Hillsdale, N. J : Lawrence Erlbaum Associates.

Elkind, D. (2008). The Power of Play, 놀이의 힘 (이주혜 역). 서울 : 한 스미디어.

Erwin, P.(2001). 아동기와 청소년기의 친구관계 (박영신 역). 서울 : 시그마 프레스.

Johnson, C., Ironsmith, M., Snow, C. W., & Poter, G.(2000). "Peer Acc eptance and Social Adjustment in Preschool and Kindergarten." Early Childhood Education Journal, 27(4), 207-212.

Katz, L. G., & McClellan, D. E. (1997). Fostering Children's Social Co mpetence : the Teacher's Role. Washington, DC : National Asso ciation for The Education of Young Children.

Russell, D. L.(1991). Literature for Children, a Short Introduction. New
       York : Longman.
Salovey, P., & Mayer, J. D.(1997). "What is Emotional Intelligence?"
Shaffer., D. R. (2000). Social and Personality Development(4th ed.). B
       elmont, CA : Wadswarth / Thomson Learning.

저 자 약 력

■ 조혜정

현재) 총신대학교 아동학과 교수

'인기아에게 집착하는 여아의 모래놀이치료 사례연구' 논문 외 다수

보육과정(공저) 놀이지도(공저) 보육교사론(공저), 아동안전지도(공저) 외 다수

■ 김남임

현재) 총신대학교 유아교육과 박사과정

전, 구립월계3동 어린이집 근무

전, 산정현유치원 근무

전, 서울장월초등학교 병설유치원 근무

우정과 감성이 자라나는
유아전래동요놀이

초판 1쇄 인쇄-2013년 11월 10일
초판 1쇄 발행-2013년 11월 20일

●

저 자- 조혜정·김남임 공저

●

발행인- 김 의 용
발행처-교육아카데미

●

주소-서울시 성북구 석관동 77-37
전화-(02) 3142-9924(代)
        (02) 967-9947
팩스-(02) 967-9948
    E-mail : educa9937@naver.com
등록-1996년 9월 6일, No 2-2243

●

정가 18,000원

* 본 도서는 저작권협약에 의하여 무단복제를 금합니다.
* 파본된 도서는 교환하여 드립니다.